I0820767

VIVIR EL CAMINO DEL ARTISTA

JULIA CAMERON

VIVIR EL CAMINO DEL ARTISTA

EL INTUITIVO CAMINO DE LA CREATIVIDAD

CURSO DE SEIS SEMANAS
DE *EL CAMINO DEL ARTISTA*

AGUILAR

El papel utilizado para la impresión de este libro ha sido fabricado a partir de madera
procedente de bosques y plantaciones gestionadas con los más altos estándares ambientales,
garantizando una explotación de los recursos sostenible con el medio ambiente y beneficiosa para las personas.

Vivir el camino del artista

Título original: *Living the Artist's Way*

Primera edición en España: marzo de 2025
Primera edición en México: julio de 2025

penguinlibros.com

ISBN: 978-607-386-090-1

Impreso en México – Printed in Mexico

Este libro se terminó de imprimir en el mes de junio del 2025,

en los talleres de Offset Santiago S.A. de C.V.

Este libro está dedicado a Jeannette Aycock,
cuya firme creencia en la voz que
nos guía reafirma la mía

ÍNDICE

Introducción

Empezaré por el principio. Dado que este libro trata sobre sobre la orientación de la voz que nos guía, voy a comenzar definiendo lo que entiendo por orientación y a dar respuesta a las preguntas más frecuentes. ¿Qué es? ¿Puede recibirla cualquiera? La orientación es la dirección que nos marca una fuente de sabiduría superior a la habitual. Es la respuesta del universo a una pregunta: «¿Qué debería hacer respecto a X?». La orientación está al alcance de todos nosotros. No se restringe a unos cuantos privilegiados, sino que, por el contrario, cualquiera puede pedir consejo y recibirlo. Lo único que se precisa es tener amplitud de miras.

La orientación de la voz que nos guía es la cuarta herramienta esencial del camino del artista. *Vivir el camino del artista* es una ventana a mi vida y mi confianza en la voz que me guía en cualquier tesitura. Te invito a usar esta herramienta —tal como hago yo— con el fin de que te ayude a gestionar todos los aspectos de tu vida.

En libros anteriores he tratado la creatividad inherente en el arte de escuchar y rezar, y cómo se nos guía a través de estas prácticas y de las páginas matutinas. Ahora vamos a dar un paso más. Comprobarás cómo la oración allana el terreno hacia la orientación y cómo las páginas matutinas nos preparan para pedir orientación por escrito. A través de la *intuición* preguntamos sobre la página y recibimos respuestas sobre el papel. Te mostraré de qué modo esta práctica ha sido un pilar en mi vida y mis obras. Mi intuición y mis obras se han convertido en mi manera de pensar, en mi manera de entender el mundo. Escucho la voz que me guía en cada paso del camino.

A lo largo de estas páginas daré a conocer mi faceta más personal y vulnerable, explicando cómo uso los mensajes que recibo para encontrar respuestas a los interrogantes de mi vida. En definitiva, me valgo de la fe. Sin duda, el pedir orientación por escrito propicia una vida más feliz y llevadera. Nos reconforta, nos proporciona estabilidad y puede mitigar nuestras incertidumbres, inquietudes y temores. Conduce a la sabiduría interior y a la autenticidad.

Abrigo la esperanza de cautivarte y reportarte calma a través de esta obra. Espero que disfrutes plenamente con la profunda exploración y el enfoque práctico de esta herramienta esencial. Tal vez mi experiencia demuestre que la escritura, como medio para recibir orientación, puede ser una práctica meditativa y muy placentera.

A lo mejor pensamos: «Me pregunto si X…», y el mero hecho de planteárnoslo allana el terreno para que se nos guíe. Formulamos la pregunta: «¿Qué debería hacer respecto a X?», y encontramos la respuesta a nuestro interrogante. *Algo* o *alguien* nos responde. «Oímos» mensajes que solventan nuestras dudas. Las directrices son sencillas y directas, pero también poderosas.

Todo es válido a la hora de pedir orientación: sobre las relaciones sentimentales, las finanzas, los asuntos de negocios enmarañados... Lo que para mí comenzó siendo una iniciativa modesta, no tardó en convertirse en una aventura. Descubrí que la intuición es fidedigna y de gran trascendencia. A partir de entonces, las fuentes espirituales me proporcionaron de inmediato la sabiduría que anteriormente extraía de otras personas. Recuerdo bien mi emoción ante este descubrimiento. «O sea, ¿podría preguntar sobre cualquier cosa?», exclamé.

«Sí».

Así pues, lo hice. «¿Sobre qué debería escribir ahora?» pasó a ser una pregunta recurrente.

A lo mejor me llegaba la respuesta: «Escribe acerca de la oración» o «Escribe acerca de la amistad», y, en el caso de este libro, «Escribe acerca de la orientación. Llevas treinta años valiéndote de ella. Profundiza». La voz que me guía estaba en lo cierto. Después de tratar la orientación en *El camino del artista*, seguí escribiendo durante tres décadas sin volver a sacarla a relucir, si bien es cierto que en ningún momento dejé de valerme de ella. Llegué a considerarla la cuarta herramienta esencial, una suerte de red de seguridad que afianzaba las tres herramientas de las que ya disponía.

La voz que me guía me ha marcado direcciones provechosas desde hace más de treinta años: llegué a confiar en ella. Enseguida me di cuenta de que, cuando la usaba junto con las restantes herramientas, me proporcionaba un rumbo estable.

Por tanto, ahora es el momento oportuno para dar unas breves pinceladas de dichas herramientas. Cuando combinamos las cuatro, ganamos confianza en nuestro potencial creativo. El uso de estos recursos propicia una vida creativa.

LAS CUATRO HERRAMIENTAS ESENCIALES

Las cuatro herramientas necesarias para facilitar el rescate de la creatividad son las páginas matutinas, las citas con el artista, los paseos y pedir orientación por escrito. Su uso combinado ha contribuido a que personas de todo el mundo desbloqueen su creatividad y sean más felices y productivas.

Te animo a que utilices todas y cada una de estas herramientas. Este manual analiza en profundidad la cuarta herramienta esencial: pedir orientación por escrito. A modo de diario, es una ventana a cómo me valgo de ella en todos los aspectos de mi vida cotidiana.

Páginas matutinas

Son tres páginas escritas a mano cada mañana nada más despertar. Recomiendo el papel de formato carta o el folio, pues si es de menor tamaño constreñirá tus pensamientos. Lo antes posible, escribe tres páginas por una cara sobre cualquier cosa. Si no se te ocurre nada, apunta: «No se me ocurre nada sobre lo que escribir». Sí, puedes poner la cafetera primero, pero no dediques tres cuartos de hora a preparar el café perfecto. Cuanto antes te pongas manos a la obra, mejores resultados te proporcionarán las páginas. Muy importante: son tan solo para ti, no para mostrárselas a nadie. Constituyen un espacio totalmente privado para dar cuenta de tus sueños, deseos, lamentos, reflexiones y retos. Sientan las bases para el rescate del potencial creativo.

Citas con el artista

Una vez por semana reserva unas dos horas para que tu artista interior —esa faceta infantil, juguetona y creadora que hay en ti— salga de aventura en solitario. No tiene por qué ser algo caro; la idea es pasar un tiempo a solas con tu yo artista para hacer algo lúdico y fuera de lo común. Podría ser visitar un museo, comer en un restaurante nuevo, pasear por un jardín botánico o ir al cine. Supera tu renuencia: lo fácil es esgrimir el argumento de «No tengo tiempo» para esta cita. Está demostrado que estas citas nos reportan sabiduría, inspiración y felicidad. Elige una actividad que deleite al artista que llevas dentro. Tu compromiso de realizarlas con regularidad mejorará tu suerte y aumentará las sincronías.

Paseos

Dos veces a la semana sal a pasear en solitario, sin música, sin teléfono, sin perro, sin amigos. Con veinte minutos es suficiente para elevar tu consciencia. Tal vez desees emprender la caminata con una pregunta para ver si regresas con una respuesta.

Con el uso de estas tres herramientas estamos preparados para pedir orientación. Puede hacerse a cualquier hora, de día o de noche, si bien muchas personas consideran que el mejor momento es justo después de escribir las páginas matutinas. La diferencia con respecto a estas, que pueden proporcionarnos información relativa a un asunto preocupante, es que se formula una pregunta directa: «¿Qué debería hacer respecto a X?». Es decir, se pide consejo sin rodeos, mientras que las páginas matutinas rara vez son tan específicas. Aquí, tú eliges: puedes pedir orientación en el mismo diario que usas para las páginas matutinas o, casi más conveniente, en un cuaderno específico para ese fin. Formulamos una pregunta tras otra y atendemos a las respuestas. Podemos pedir orientación para dilucidar un tema espinoso. Una simple frase puede desentrañar las claves. La voz que nos guía nos proporciona una amplia perspectiva de las cosas para esclarecer y resolver grandes dilemas. Yo, por ejemplo, pregunté: «¿Qué debería escribir?». Al oír la respuesta: «Da prioridad a tu estado sobrio», me di cuenta de que se trataba de una cuestión de fe. Las dudas que albergaba con respecto a mi oficio de escritora en realidad eran fruto de una falta de confianza.

PEDIR ORIENTACIÓN POR ESCRITO

Cuando escribimos para que se nos marque el rumbo, planteamos la pregunta por escrito y a continuación anotamos lo que «oímos». Atendiendo a los mensajes que recibimos, encontramos que se nos guía con prudencia por el buen camino. A medida que adoptamos el hábito de pedir consejo sobre el papel, comprobamos que lo recibimos cada vez con más facilidad. Es posible que los neófitos en esta herramienta cuestionen su efectividad. «¿Será solo cosa de mi imaginación?». No lo es, y, aunque fuera el caso, la imaginación es mucho más sabia y benevolente de lo que pensábamos. El mensaje fundamental de la voz que nos guía es la certeza de que todo está bien; que los problemas se solucionarán; que se nos marca el rumbo y que estamos a salvo y protegidos. La voz que nos guía se manifiesta, y llegamos a confiar en ella.

Introducción

En 1992 se publicó *El camino del artista*, en el que abordé la búsqueda de la orientación y la confianza en ella. Con el fin de preparar el terreno para que otros me siguieran, hablé sobre el hábito de simplemente pedir y recibir orientación. Mi estilo, en aquellos tiempos, era directo: por supuesto que era un acierto recurrir a la voz que nos guía y depositar nuestra confianza en ella.

En los años que han transcurrido desde entonces he tomado conciencia de la importancia de la confianza. Debemos esforzarnos en tener amplitud de miras. La voz que nos guía es fidedigna, pero es preciso cultivar la confianza. A medida que adquirimos el hábito de acudir a ella en busca de consejo, percibimos la sabiduría de sus mensajes en asuntos de escasa y gran trascendencia. Esto nos infunde confianza. Con la práctica, la afianzamos.

En 1992 escribí:

> Cualquiera que sea constante en la escritura de las páginas matutinas llegará a conectar con la fuente de sabiduría que hay en su interior. Cuando estoy atascada en una situación dolorosa o con un problema que no sé cómo resolver, recurro a las páginas y les pido consejo. Para ello escribo «P. J.», las iniciales de «Pequeña Julia», y planteo mi consulta:
>
> P. J.: ¿Qué debería decir sobre la sabiduría interior?
>
> (Entonces atiendo a la respuesta y tomo nota).
>
> Respuesta: Deberías decir que todo el mundo tiene línea directa con Dios.

> Nadie necesita pasar por centralita. Ínstales a que pongan en práctica esta técnica para solventar algún problema, y lo harán.

Treinta años después continúo buscando orientación. La pido y —pese a mis dudas— confío en lo que se me transmite. A día de hoy, mis tres décadas de experiencia constatan que la intuición es fidedigna. Sin embargo, no he escrito acerca de esta herramienta esencial tanto como de las otras. Tal vez se deba a que en el fondo temo que me tomen por una «mística chiflada». ¿Y qué quiero decir exactamente con eso? Que temo haberme apartado del camino que, por lo general, se considera racional. Al fin y al cabo, la voz que nos guía allana el terreno de la espiritualidad, el terreno de la intuición, el que nos hace creer en lo que se escapa al intelecto. ¿Acaso es de extrañar que sintamos temor, a riesgo de parecer un poco «chiflados», un poco «locos»?

A lo largo de los años he ido atesorando amigos con buen criterio. Ellos no me toman por loca ni por una mística chiflada, sino que, al igual que yo, creen en la voz que nos guía y, más en concreto, en la mía.

«¿Qué te dice tu intuición respecto a eso?», me pregunta mi amiga Jeannette cuando saco a colación un asunto delicado.

«No lo sé. No he formulado la pregunta», respondo a veces con pesar.

«Bueno, pues será mejor que lo compruebes», me recuerda, con la confianza de que la voz que me guía es certera. Así pues, lo «compruebo».

Mi amiga Laura Leddy confía en mi intuición. Como cree en su propia intuición, también cree en la mía. Y, por tanto, con ella no mido las palabras. Le digo: «Mi intuición me dice…», y a continuación cito textualmente lo que se me transmite. Laura escucha con interés y sin escepticismo. Encuentro que su fe afianza la mía.

Jacob Nordby, otro buen amigo, también cree en la voz que me guía. Él busca orientación a diario y actúa en función de lo que escucha. A su modo de ver, mi intuición es un hecho indiscutible. Cuando, guiada por la intuición, persigo un rumbo, él da por sentado que me encamino en la dirección correcta. A menudo impartimos clases juntos y la voz que nos guía hace que cada experiencia didáctica resulte fácil, incluso natural. A pesar de que nos separan más de mil quinientos kilómetros, salvamos esa distancia por medio de la intuición.

Mi buena amiga Scottie Pierce también cree en mi intuición y la suya. «Estás muy conectada —me asegura—. La voz que te guía es certera, juiciosa y precisa». Cuando le pido que rece por mí, lo hace con gusto y a menudo señala que ya «voy encaminada».

Todas las noches hablo por teléfono con otro amigo, Scott Thomas. Un psicoterapeuta lakota de avanzada edad, invoca a la voz que le guía todos los días. Mientras escribo mis textos diarios, a menudo me llama. «Cuánto me alegro de que tu noche esté siendo creativa», comenta, en la confianza de que «se me guía» en lo que escribo. Con el deseo de no «interrumpir el flujo», sus llamadas telefónicas son breves.

Así pues, reafirmada en mi fe gracias a la fe de mis amigos, transcribo las directrices que recibo todas las noches. Invoco al Gran Creador, y también a las «fuerzas superiores». Mis peticiones para que se me marque el rumbo siempre son atendidas y sus mensajes guían mi vida.

Cuando enseño la herramienta de los consejos que se nos transmiten sobre el papel, la pregunta más habitual que suelen formularme es: «¿Y si es solo cosa de mi imaginación?», a lo cual respondo: «Bueno, entonces tu imaginación es mucho más provechosa y positiva de lo que pensabas».

Este libro es mi respuesta a esa pregunta frecuente: «¿Y si solo es cosa de mi imaginación?». Este libro pregunta: «¿Y si no lo es?».

Treinta años después de la publicación de *El camino del artista*, estoy aquí para dar testimonio de que cada día sigo pidiendo orientación por escrito sobre cualquier tema acerca del que necesite ayuda. Es una práctica en la que he depositado mi confianza, en la que creo y de la que me valgo en todos los ámbitos de mi vida. *Vivir el camino del artista* es una ventana a mi vida y a mi confianza en la voz que me guía en cada momento. A medida que en estas páginas explico cómo y cuándo usar esta herramienta, te invitaré, también, a aplicar la técnica que utilizo para que gestiones todos los aspectos de tu vida: desde las relaciones, pasando por el entorno, hasta el terreno profesional. Es una herramienta poderosa, positiva y al alcance de todos.

Te doy la bienvenida al acto creativo de pedir orientación por escrito.

Pedir orientación por escrito

Yo creo en reinos más elevados y en fuerzas superiores. A mi modo de ver, habitan nuestro mundo, tan solo es necesario darles nuestro consentimiento. Con abrir las puertas de par en par recibimos cualquier forma de ayuda espiritual con celeridad. Si las puertas se cierran a cal y canto de nuevo, la vida se vive sin faros delanteros. La orientación nos proporciona luces de carretera y llegamos a depender de ellas. Al pedir por escrito que se nos guíe, se nos guía. Cuando se nos marca el rumbo, la vida se vuelve más amable. El futuro deja de vislumbrarse adverso y misterioso. Cuando pedimos consejo, sentimos que una fuerza benévola nos guía, nos marca el rumbo mientras avanzamos. Esta fuerza nos «habla» en un tono sabio y amable. Las dificultades disminuyen cuando se nos concede el don para superarlas. «Estás bien y se te guía con prudencia. No hay errores en tu camino», se nos asegura. Oímos: «No pongas en duda mi bondad», y nuestros temores se mitigan. Cuando damos cuenta de nuestras preocupaciones por escrito, pierden importancia. Escribimos, y una mano divina «endereza» las cosas. Las desgracias dan paso a las oportunidades. Nuestra pluma se convierte en un instrumento de provecho.

«Pero ¿qué hago con respecto a X?», inquirimos, aún con expectativas pesimistas. Sin embargo, nuestra mano se imbuye de optimismo. No hay problemas irresolubles. Encontramos alivio para nuestras inquietudes, nuestras dudas y nuestra desesperación. Se nos augura un próspero futuro desprovisto de dramas. A medida que nuestra mano se desliza por la página, se nos brinda una vida hecha a medida. «Todo está bien», se nos transmite, y llegamos a esa convicción. Es una cuestión de confianza, y esta se forja con la práctica. Intentamos confiar en las pequeñas bondades, y nos damos cuenta de que confiamos en un bien mayor. «Todo está bien» se convierte en un mantra. Y llegamos al convencimiento de que *todo está bien.*

La orientación nos llega a través de nuestra propia mano. Formulamos preguntas por escrito y recibimos respuestas por escrito. Adquirimos la suficiente osadía como para plantearlas sin rodeos y se nos responde directamente. Las directrices son explícitas. Al preguntar «¿Qué hago con respecto a X?», se nos proporciona información acerca de X. Se nos transmiten muchas cosas que nos resulta imposible saber por medio del intelecto. La voz que nos guía escarba en recovecos y nos brinda una mayor perspicacia. Nuestros temores y nuestras preocupaciones se disipan. En la dimensión espiritual prevalece el bien. Gran parte de nuestros temores son infundados, fruto de nuestra imaginación. La voz que nos guía desarma los miedos y nos insta a confiar en un porvenir favorable.

Buscamos orientación en todos los ámbitos de nuestra vida: en el terreno amoroso, en el económico... Ningún tema es tabú. Pedimos consejo acerca de un asunto complicado, y ese asunto se esclarece sin dramas. Se pone freno a nuestras vívidas elucubraciones: seremos amados y prosperaremos. La voz que nos guía nos augura un futuro luminoso, no ensombrecido por el miedo. Despacio, poco a poco, tomamos conciencia de nuestra valía. La voz que nos guía nos tiene en alta estima y ponemos empeño en seguir su ejemplo. Con el tiempo, la pregunta: «¿Qué hago con respecto a X?» se despoja de dramatismo. De repente, nuestra voz interior se vuelve optimista y llegamos a confiar en ella. Tras anotar los mensajes que nos transmite, los releemos para afianzar nuestra convicción. «Oímos» los consejos que nos proporciona y su tono amable nos cala.

«Todo irá bien», manifiesta la voz que nos guía. Llegamos a confiar, al principio a regañadientes, en que esto es así. Aleccionados en ecuanimidad, lejos de reaccionar con hostilidad ante las señales que la vida nos proporciona, nos da por responder a ellas. «Eres una persona muy tranquila», comentan nuestros allegados. Nuestra serenidad es el resultado de la orientación. Se nos infunde una mayor templanza de ánimo que cambia nuestra visión de la vida. Dejamos de ver a la gente y los acontecimientos con una actitud hostil. No tenemos necesidad de levantar barreras de espino. El mundo no es un adversario.

Podemos rezar, por supuesto, para que se nos guíe sin necesidad de poner la petición por escrito, pero hay algo en el acto de escribir que de alguna manera imprime un cariz más «real» a los consejos que recibimos. Es nuestra mano la que se desliza por la página, pero nuestra mano es un instrumento que se encuentra en manos de Dios. Cuando escribimos para pedir consejo —y anotamos todos los mensajes que recibimos—, es posible que nuestras palabras nos sorprendan. Estas toman forma en nuestra consciencia como si estuviésemos tomando un dictado. Sílaba a sílaba, palabra a palabra, se nos aporta sabiduría. Alguien —o algo— escribe a través de nosotros. Al apuntar las palabras que «oímos», a menudo nos asombramos. A simple vista destilan una sabiduría que se nos antoja ajena. Percibimos que la voz que nos guía tiene miras a largo plazo, mientras que nosotros —cortos de miras— nos cegamos en la inmediatez.

«¿Qué hago con respecto a X?», preguntamos, y la voz que nos guía responde, no solo acerca de X, sino acerca de cualquier otro asunto latente en nuestro subconsciente. Yo pido ayuda a través de la escritura, la recibo y oigo la apostilla: «Tu estado sobrio es un hecho». Exalcohólica desde hace cuarenta y dos años, no me había percatado de que mi sobriedad seguía siendo una preocupación para mí. La voz que me guía, más sabia que mi consciencia, llevaba la cuenta de los años que yo había permanecido sobria y era conocedora de mi necesidad de continuar teniéndolo presente. Recibo gratamente la noticia de que mi estado sobrio es «un hecho». Los mensajes me indican mis prioridades.

«No pienses que estás desamparado», nos reprocha la voz que nos guía. Muy al contrario, hemos de ser conscientes de la omnipresencia de la voz que nos guía, de su constante disposición a marcarnos el rumbo y protegernos. El abrir la mente y el corazón a esa voz es un acto de voluntad: con nuestra disposición a ser guiados, se nos guiará.

«¿Puedo recibir orientación?», preguntamos, y se nos proporciona un caudal de consejos. Mientras prestamos atención y tomamos nota, puede que nos sorprenda la facilidad con la que se nos aconseja. ¿Quién dijo que encontrar orientación nos resultaría difícil? Yo he comprobado que recibir consejos es algo sorprendentemente fácil y natural. Cuanto más practicamos la búsqueda de orientación, más normal nos parece. Notamos que nos relajamos. Empezamos a confiar en las directrices, y cada vez se nos transmiten más. «Lejos de pensar que estás desorientado, confía», se nos alecciona.

Bolígrafo en mano, transcribimos las directrices que recibimos. Anotamos nuestro rumbo, mejor que limitarnos a tenerlo en mente. Esto nos permite leer —y releer— los mensajes que oímos. Las palabras escritas sobre el papel calan en nuestra psique. Tomamos conciencia de que se nos conduce con prudencia por el buen camino.

Con el paso del tiempo, buscando orientación en todo momento, damos credibilidad a nuestro poder superior. Mirándolo en retrospectiva, la voz que se nos antojaba misteriosa o abstracta demuestra ser certera y provechosa. Los mensajes rara vez encierran misterio; por lo general son simples y directos.

«¿Puedo recibir orientación?», rogamos, y se atiende a nuestra súplica sin demora. «Se te conduce con prudencia por el buen camino», oímos, y a continuación recibimos directrices más específicas. En mi caso versan sobre mi oficio de escritora. «Escribe acerca de la esperanza», «Escribe acerca del control», se me aconseja. Por lo tanto, cuando obedezco a la voz que me guía, se me recompensa con textos que destilan fuerza y claridad.

«Escribe. ¡Ponte a escribir ya!», se me insta a veces cuando opongo resistencia, cuando pierdo la confianza. Porque, a veces, necesito oír: «Supera tu renuencia». Así pues, lo hago y, gracias a ello, se me conceden obras con autenticidad y contundencia.

«No pienses que estás desamparada», me reprendió ayer la voz que me guía cuando me sentía, de verdad, desamparada. «Nosotros siempre estamos a tu lado». Pero ¿quiénes son estos misteriosos «nosotros»? He llegado a considerarlos simplemente «fuerzas superiores». Me imagino a mí misma escuchando los mensajes de seres grandiosos y bondadosos. ¿Ángeles? Quién sabe. «Ellos» prefieren permanecer en el anonimato.

«No pongas en duda nuestra bondad», me recuerdan, ante mi escepticismo ocasional. Esta amonestación me hace tener presente la voz que me guía desde hace muchos años, en el transcurso de los cuales ha demostrado ser certera. He llenado un diario tras otro de beneficiosos consejos. «No hay errores en tu camino», aseveran las páginas, que concluyen con esta reconfortante frase: «Julia, todo está bien».

Suena el teléfono. La llamada es de mi colega el escritor Jacob Nordby. Ha tenido un día complicado. Su hija Meghan se ha independizado. En su ausencia, a Jacob la casa se le cae encima. Acostumbrado a ser un padre involucrado, ahora lamenta: «Echaré de menos a mi peculiar amiguita». Yo empatizo con él, al recordar cómo me sentí cuando mi hija, Domenica, voló del nido. Eso fue hace veinte años, y el recuerdo todavía me provoca una punzada.

—He empezado mi libro sobre la orientación —le digo a Jacob, cambiando de conversación a un tema menos emotivo.

—Sin duda, es pertinente —señala Jacob—. A mi modo de ver, en este preciso momento, la gente podría beneficiarse realmente de recibir orientación. Tal vez tu libro les dé un empujoncito para intentarlo —conjetura.

—Eso sería estupendo —respondo, y pienso que a lo mejor el deseo sincero de Jacob también nace como un mensaje para darme precisamente el ánimo que necesito.

Cuando pedimos orientación, se nos conduce con prudencia por el buen camino. Encontramos que nuestros anhelos, esperanzas y deseos se equiparan a los anhelos, las esperanzas y los deseos de otros. Cada vez tomamos más conciencia de que somos un trabajador entre trabajadores, un amigo entre amigos. Escuchando la voz interior, siguiendo sus señales, experimentamos una sensación de armonía. La voz que nos guía nos enseña cómo ser una parte esencial de un todo mayor. Experimentamos sincronías, la maravillosa concurrencia de nuestros sueños y planes con los designios del universo, que intercede por nosotros. Nuestra «suerte» mejora y llegamos a contar con ella. Cada vez más, nos encontramos en el lugar adecuado y en el momento justo. Lejos de considerar los encuentros fortuitos como fruto de la pura casualidad, los interpretamos como actos deliberados del universo en nuestro favor.

Con el tiempo, a medida que trabajamos con la voz que nos guía, nos volvemos cada vez más cooperativos. Se nos marca el rumbo correcto, el rumbo exacto que el universo ha designado. Percibimos la conexión con el extraordinario y maravilloso mecanismo del destino. Los mensajes nos proporcionan señales, y nosotros hacemos cada vez más caso de esas señales y tomamos rumbos inesperados conforme se nos indica. Nuestra intuición, o nuestras corazonadas, se convierten en una parte fundamental de nuestra mente. Llegamos a depender de ella y vamos dando cada paso que nos marca. «¿Y ahora qué?», tal vez preguntemos a menudo, prestando atención a la sutil directriz que hemos de seguir. Cuando pedimos que se nos guíe, se nos guía. Al buscar orientación, se nos proporciona.

Pedir orientación por escrito

En mis clases, a menudo me formulan preguntas acerca de qué temas plantear para recibir consejo. La respuesta es escueta: «De toda índole». Una manera infalible de descubrir asuntos sobre los cuales te resultaría beneficioso pedir orientación es hacer uno de mis ejercicios favoritos: la lista de deseos.

Completa rápidamente lo siguiente:

1. Ojalá…
2. Ojalá…
3. Ojalá…

4. Ojalá…
5. Ojalá…
6. Ojalá…
7. Ojalá…
8. Ojalá…
9. Ojalá…
10. Ojalá…
11. Ojalá…
12. Ojalá…
13. Ojalá…
14. Ojalá…
15. Ojalá…
16. Ojalá…
17. Ojalá…
18. Ojalá…
19. Ojalá…
20. Lo que por encima de todo deseo es…

Revisa la lista. Cualquiera de los temas que acabas de enumerar son tierra fértil para pedir orientación.

SEMANA 1

Cultivar la estabilidad

En esta primera semana te invito a que pruebes a pedir orientación por escrito. Los ensayos y ejercicios te ayudarán a saber cómo puede reportarte beneficios el acudir a la voz que te guía en tu entorno más cercano: tus preguntas más apremiantes, tu día a día y aquellas personas con las que sueles relacionarte. Abrigo la esperanza de que descubras que nada es demasiado banal para pedir consejo, y que la voz que te guía está a tu alcance para alentarte y anclarte. A medida que adquieras fortaleza y fe en el uso de tu juego de herramientas, te sentirás más estable al ser consciente del apoyo de lo que yo denomino «fuerzas superiores».

Amigos creyentes

Mi amiga Scottie Pierce pide orientación a diario. Conforme avanza la jornada, se la guía paso a paso. Atenta a las señales del universo, ella coopera adecuando sus actos a las directrices que recibe. Como resultado de ello, sus días transcurren ciertamente llenos de alegría y sin contratiempos. Cuando le pregunto qué tal está, su respuesta es «divinamente». La razón es la orientación que recibe.

Al ponerla al corriente de que estoy escribiendo un libro acerca de la orientación, se entusiasma. «¡Oh, Julia, eso es maravilloso!», exclama. La voz que la guía es un eje central en su vida, en la misma medida que en la mía. A su modo de ver, «atender a lo divino» es justo lo que yo debería hacer. «Yo tomo nota», dice Scottie sin más respecto a los consejos que recibe. Al prestar máxima atención, se la bendice con una vida llena de bendiciones.

«La amistad nace en el momento en el que una persona le dice a otra: "¿Qué? ¿Tú también? Pensaba que era la única"».

C. S. Lewis

Suena el teléfono y la llamada es de mi amiga Jennifer Bassey. Ella vive en el sofocante sur de Florida, donde la alta temperatura y la humedad han conspirado para impedir su paseo diario.

—Es que hace demasiado calor —explica, tras haberse saltado su habitual caminata de tres kilómetros.

Cuando le pido a Jennifer que rece por mis propósitos, ella responde imaginándome envuelta en un «halo blanco», en una luz protectora, y pide que se me guíe «en mis palabras y actos». Cuando Jennifer reza, sin duda se me marca el rumbo. A menudo, antes de impartir un curso, le pido que rece para que se me guíe con el fin de detectar las necesidades de los alumnos. En mis clases se me guía palabra a palabra, herramienta a herramienta. Cuando acudo a la voz que me guía tras un compromiso de enseñanza, oigo: «Pequeña, lo has hecho bien. No hay motivos para lamentarte». Y, por lo tanto, motivada por el optimismo que destilan esas palabras, «paso página» y avanzo para dar el siguiente salto.

«No hay nada que no haría por aquellos que son realmente mis amigos».

JANE AUSTEN

«Yo siempre estoy dispuesto a rezar por ti», me dice Jacob Nordby. Así pues, reza cuando se lo pido y, a veces, sin pedírselo. Jacob confía en que su voz interior le proporcione señales para pronunciar las oraciones necesarias. Él escribe para pedir orientación cada mañana y, como resultado de ello, recibe más consejos a lo largo del día. «Esta mañana he pensado en ti —comenta—, de modo que he pronunciado algunas oraciones adicionales». Sus «oraciones adicionales» siempre son oportunas. Su intuición para detectar esa necesidad es infalible. Cuando estoy preocupada, sé que Jacob percibe mi inquietud. Desde Boise, en Idaho, a más de mil quinientos kilómetros de Santa Fe, en Nuevo México, intuye mi desasosiego y ruega por mi serenidad. «Yo creo en fuerzas superiores —me dice—. Llámalos ángeles, llámalos como quieras. Miran por nosotros». Según él, al invocar a fuerzas superiores, recibe orientación. «Es un diálogo —manifiesta—. Me dirijo a fuerzas superiores, y estas me responden».

Jacob no renunciaría a la voz que le guía del mismo modo que no se saltaría una comida saludable para el cuerpo. A su modo de ver, su orientación es esencial, alimenta su espíritu. Jacob, un hombre sano, nutre su cuerpo, su mente y su espíritu. El pedir orientación por escrito a diario le instruye en el autocuidado: come lo que se le indica. Su dieta cambia en función de las directrices que recibe. Hace poco se hizo vegano, tal y como le aconsejó la voz que le guía; él, obediente, sostiene que siente más vitalidad y que se alegra de estar perdiendo algo de peso. Un magnífico cocinero diseña sus menús de acuerdo con las pautas que recibe. El cambio en su alimentación «está funcionando bien», sostiene.

El teléfono suena con estridencia. La llamada es de Laura Leddy, una amiga íntima desde hace veinticinco años.

—Te llevaba en el pensamiento. —Su suave tono de voz destila regocijo—. Y he decidido ver qué te traes entre manos.

—Estoy escribiendo acerca de la orientación.

—Ah, qué bien —comenta. La orientación es uno de sus temas predilectos. Ella reza a la voz que la guía en todo momento y vive el día a día de acuerdo con sus mensajes—. ¿Para un nuevo libro? —pregunta.

—¿Cómo lo has sabido?

—Es un buen tema.

Al poner a Laura al corriente de mi temor de parecer una «mística chiflada», se ríe. De la misma opinión que mi amiga la analista junguiana Bernice Hill, sostiene que «precisamente el misticismo es el quid de la cuestión».

—Quiero motivar a la gente a pedir orientación —anuncio sin tapujos, puesto que estoy conversando con Laura—. Pedir consejo por escrito es de un valor incalculable —continúo—. Debería probarlo más gente.

—A lo mejor lo hacen —conjetura Laura—. Puedes llegar a ser bastante persuasiva.

—Dios te oiga.

—Bueno, yo pienso que la gente está preparada —señala Laura. Su optimismo es alentador. Como vive en la conservadora ciudad de Chicago, Laura profesa su misticismo «de chiflada» con discreción. Ella cree en las fuerzas superiores y les encomienda sus muchas inquietudes. Ruega por sus familiares y amigos, con especial hincapié en quienes más lo necesitan. Yo a menudo le pido que rece por mí y por mis intenciones.

—Siempre estoy dispuesta a rezar por ti —manifiesta—. Pero, a veces, necesito un trozo de papel para apuntar exactamente lo que has preguntado.

Visualizo a Laura consultando sus anotaciones. Sus oraciones son precisas, minuciosas, lo mismo que ella. Una rubia alta y esbelta, derrocha elegancia y buen humor. Tras unos instantes, le digo:

—Pues reza por el libro.

—Oh, Julia, sabes que lo haré —asegura, antes de poner fin a nuestra conversación. Y me consta que así será. Laura es una amiga incondicional desde hace más de dos décadas.

Ahora es mi turno de llamadas. Me decanto por Jacob, que está leyendo el libro de oraciones que acabo de terminar.

—De momento, todo bien —me dice, en respuesta a mi llamada y a mi pregunta tácita.

Me muero de ganas de conocer su opinión. He escrito el libro de oraciones escuchando la voz que me guía. El texto de cada día versa sobre la señal que capté y el contenido de lo que «oí». El libro fue hilvanándose con fluidez, párrafo a párrafo conforme se me guiaba. Es fruto de una labor diaria durante un crudo invierno de nieve. Jacob es mi primer lector y me tiene en ascuas a la espera de su veredicto. Como magnífico escritor que es, confío en su buen criterio. Me comenta que le gusta el comienzo de la obra y que retomará la lectura «dentro de poco». Como es lógico, «dentro de poco» no es lo bastante pronto para mí. Una vez terminado el libro ansío conocer las impresiones de los lectores, pero no de cualquier lector, sino de personas cuyas opiniones valoro, de ahí mi llamada a Jacob.

—Es un libro consistente —señala a continuación.

Me siento aliviada y muy contenta.

Al otro lado de las ventanas de mi sala de estar está anocheciendo. Las montañas se alzan oscuras e intimidantes; las nubes envuelven las cumbres. Aquí son las siete y media de la tarde, las ocho y media en Chicago, donde vive mi hija, Domenica. Es la hora de dormir para Serafina, su hija, y la llamo por teléfono para decirle: «Buenas noches. Que sueñes con los angelitos». Pero Serafina está inquieta, no está lista para irse a la cama, y Domenica, hasta arriba de trabajo. A pesar de ello, me dice en tono cantarín:

—Mamá, te echo de menos. ¿Qué tienes entre manos?

—Estoy escribiendo un libro acerca de la orientación de la voz que nos guía —le respondo.

—Yo creo a pies juntillas en la voz que nos guía —afirma—. A veces es muy específica: gira a la izquierda. —La risa alegre de Domenica tintinea a través de la línea telefónica—. Serafina requiere mi atención. Tendremos que mantener una conversación como es debido acerca de la orientación. Es muy provechoso escribir «¿Qué hago respecto a X?» y, después, tomar nota.

«¡Mami!», oigo gritar a Serafina, reclamando atención. Mañana, 4 de julio, es su cumpleaños. Está nerviosa, expectante ante el día.

—Te dejo —le digo a Domenica, con muchas ganas de que me ponga al corriente de sus apreciaciones acerca de la orientación.

Una luna de tres cuartos ilumina las montañas. Ha anochecido. Cuando pido orientación para la última página de escritura, oigo: «Pequeña, ya has hecho lo suficiente». Confiando en la voz que me guía tengo la certeza de que así es.

Hace un caluroso y neblinoso día de verano. Las nubes envuelven las montañas. Según el pronóstico del tiempo, se avecina lluvia. Supondría un grato alivio, pues refrescaría el sofocante ambiente. Mi perrita, alicaída debido al calor, se despatarra sobre las frescas losas de terracota. Tras el corto paseo de hoy, volvió a casa jadeando, con ansia por su bol de agua. Mi amigo Nick Kapustinsky —escritor, actor, director, un hombre polifacético donde los haya— se ha pasado por mi casa para darme una clase de informática. Demasiado acalorada para concentrarme, hemos cancelado la clase y nos hemos puesto a conversar sobre la orientación.

> «Prefiero caminar con un amigo en la oscuridad que caminar sola con luz».
>
> HELEN KELLER

Nick escribe páginas matutinas todas las mañanas. Él confía en ellas para que le marquen el rumbo del día. Pone por escrito sus problemas y asuntos y, a cambio, recibe consejos: prueba esto, haz lo otro. Un talentoso poeta, muchas mañanas escribe poemas; la voz que le guía le indica cómo componer el verso. A veces, la voz que le guía es puntillosa, le transmite en términos inequívocos justo cómo ha de proceder. Un disciplinado senderista, muchas mañanas pone rumbo a las montañas, y estas se convierten en el alimento de su poesía. Estilizado y vigoroso, crea poemas en consonancia. Él confía en la inspiración que le llega cada día mientras escribe las páginas. Con su disciplina innata, muy rara vez falta a su compromiso diario.

—Yo pregunto —explica, y sus preguntas encuentran respuestas. Mantiene una actitud abierta ante la orientación que recibe, la cual algunas veces es imprecisa, y otras, bastante específica. Él atiende a las señales y sus actos le reportan una vida bien encauzada.

—Ven aquí, bonita. Que chica más guapa —dice Nick en un arrullo a mi perrita, Lily.

Ella responde con euforia, se yergue sobre las patas traseras y le planta las delanteras sobre la pierna para «abrazarlo». Conmigo nunca da muestras de semejante euforia.

—Es porque te respeta demasiado —sostiene Nick.

Sea por respeto o por simple reticencia, estoy celosa. Quiero que mi perrita me salude con el mismo júbilo patente.

—¿Agua fresca, pequeña? —Vierto agua muy fría en su bol.

Al despedirse, Nick promete regresar mañana a las cuatro para «seguir conversando sobre la orientación».

Es hora de realizar mi caminata sobre la cinta, que he reducido de media hora a quince minutos a causa del calor. Me coloco, ajusto el ángulo de inclinación y pongo la velocidad a nivel medio. Tengo una pregunta a la que estoy dándole vueltas y sé que obtendré la respuesta durante el rato que pase sobre la cinta. «¿Qué papel desempeña la oración?», pregunto, y «oigo» la respuesta: «La oración prepara el terreno para recibir orientación. Pero, cuando pides orientación, eso, en sí mismo, es una oración».

> «Más allá de la idea del bien y el mal, hay un valle. Nos veremos allí. Cuando el alma se recuesta sobre esa hierba, el mundo está demasiado lleno para hablar de él».
>
> Rumi

«Es una cuestión de receptividad», continúa manifestando la voz que me guía acerca de la orientación. «Cuando rezas, adoptas una actitud humilde, y la humildad abre las puertas».

Pienso en mis páginas matutinas y en la humildad que entraña el hecho de escribir con libertad acerca de absolutamente cualquier cosa. Al saltar de un tema a otro constituyen, a mi modo de ver, una plegaria constante para potenciar la sabiduría. Enumeramos nuestras preocupaciones y ponderamos qué hacer al respecto. La reflexión es una oración tácita. Estamos pidiendo a las páginas: «Marcadme el rumbo».

El ruego que se formula es una oración de petición: estamos pidiendo orientación al universo. No se trata de una oración formal, y, sin embargo, estamos rezando. El universo atiende a nuestras plegarias para que se nos proporcione clarividencia, y esta se manifiesta a través de corazonadas, presentimientos y revelaciones. Llegamos a dilucidar cuál ha de ser el siguiente paso. La oración —pues las páginas son oraciones además de meditaciones— abre las puertas a fuerzas superiores. Se nos conduce hacia delante. Se nos conduce con prudencia por el buen camino. Por lo tanto, adoptar una actitud humilde al redactar las páginas propicia una mayor sabiduría.

PEDIR ORIENTACIÓN POR ESCRITO

¿Has probado a escribir las páginas matutinas? Son desde hace muchos años mi propia herramienta de enseñanza para la creatividad: tres páginas escritas a mano acerca de cualquier cosa. Han abierto las puertas de la creatividad, de la inspiración y, sí, de la orientación, a millones de personas que las escriben día a día.

Yo considero que las páginas matutinas son un requisito previo para escribir en busca de orientación. Mañana, en cuanto te despiertes, prueba a escribirlas; ya verás cómo te sugieren temas sobre los que pedir consejo. Elige uno, algo que haya aflorado a través de las páginas, pide orientación sobre ello y anota lo que oigas.

Orientación profesional

Hace un día azul y blanco, pero los nubarrones que se ciernen sobre las montañas descienden, arrastrando su gran caudal de agua. Para mi deleite, una lluvia gruesa repiquetea contra los cristales de las ventanas. La tormenta, aunque corta, es gratamente recibida, pues ha refrescado el sofocante ambiente.

—Pareces contenta —dice Nick Kapustinsky a modo de saludo cuando abro la puerta.

—Hoy es un día especial —respondo. Lo pongo al corriente de que un asunto legal pendiente desde hace tiempo acaba de resolverse a mi favor—. Es un motivo de alegría —explico con regocijo.

Nick se quita la gorra y se pone a trabajar en el ordenador. Tenemos que enviar correos electrónicos de felicitación. Durante casi una hora, redactamos los mensajes: notas de agradecimiento a todos aquellos que me ayudaron en el asunto legal, además de unas frases de agradecimiento para Emma Lively por sus audaces aportaciones a mi libro de oraciones. Tras concluir con un último mensaje de agradecimiento para mi hija, Nick y yo sacamos a pasear a la pequeña Lily, agradecidos de que haya refrescado gracias al aguacero.

Nick reanuda la conversación que mantuvimos ayer acerca de la orientación:

—Yo me pongo a escribir cuando tengo entre manos un asunto difícil o apremiante. —Y continúa—: Encuentro que la escritura me ayuda a aclarar las ideas. La página es un gran recurso a la hora de esclarecer un asunto.

Planteando sus dilemas por escrito, Nick agradece la sabiduría que ello le aporta. Resume su práctica diciendo:

—Escribir resuelve las cosas.

Hemos sacado a pasear a Lily. Subimos por una pista de tierra y bajamos por otra. Ella corretea por delante hasta el tope de su correa; Nick y yo caminamos fatigosamente a la zaga en un cordial silencio. La caminata me agota, mientras que Nick, un avezado senderista, parece recargar energía con cada paso.

—Yo también escribo para aclararme las ideas —le digo, pensando en las directrices que recibí por escrito para abordar el tema de la oración, una labor ya finalizada. Si Susan Raihofer se reafirma en su opinión de que le encanta mi libro, este irá a manos de Joel Fotinos, mi editor y fuente de inspiración. Mientras me mantengo a la espera de que se pronuncie sobre el libro de oraciones, continuaré con el que tengo entre manos. El ver cómo se van acumulando las páginas a diario me llena de satisfacción. Siento la llamada de la escritura, y responder a esa llamada me aporta paz.

—¿Sabes? —Nick interrumpe mis cavilaciones—. Sé cuándo estás escribiendo porque derrochas buen ánimo.

Sonrío al pensar que el hecho de escribir se manifieste de una manera patente. En los días en los que Nick sale a caminar, él también derrocha buen ánimo.

—Bueno, tengo magníficas noticias sobre mi libro —anuncio—. Mi agente lo está leyendo y opina que le encanta. Solo espero que la obra esté a la altura hasta el final.

—Yo pienso que sí —señala Nick en tono alegre.

—A mi modo de ver, el libro adquirió fuerza a medida que avanzaba —señalo.

—Bueno, ¿entonces qué es lo que te preocupa?

—Nada, supongo, pero seguiré preocupada hasta el mismísimo final. Hasta que mi agente diga: «He leído el libro de principio a fin y me ha encantado».

Nick resopla con complicidad. Como escritor que es, él también sabe de buena tinta lo que supone estar en vilo a la espera de conocer la acogida de una obra.

—Mañana tendré noticias —le digo a Nick y, para mí misma, apostillo—: Y esta noche será larga.

Tras desearme lo mejor, Nick se despide.

> «Busca la simplicidad en el caos».
>
> ALBERT EINSTEIN

Suena el teléfono y la llamada es de mi amiga y colaboradora Emma Lively. Me alegro de recibir su llamada.

—Emma —digo al descolgar—, ¿tú pides orientación sobre el papel?

—Bueno, a veces sí. Cuando algo me preocupa, me pongo a escribir. Escucho y anoto lo que oigo.

Continúo sondeándola:

—¿Pides que se te guíe en tus proyectos de escritura creativa?

—Sí, a veces.

Emma hace una pausa, a la espera de otra pregunta, pero yo estoy absorta imaginándola en su terraza, acomodada entre cojines, tomando nota de lo que «oye». Me consta que escribe las páginas matutinas a diario y me alegra saber que en ocasiones le sirven de fuente de inspiración. A Emma le viene muy bien ese apoyo adicional de la voz que la guía, puesto que hace malabares entre multitud de proyectos creativos, un musical y una película de animación. Sigo interrogándola:

—Y el resto del tiempo, ¿recibes orientación?

—Ya lo creo. Siempre me llega algo a bote pronto.

—Entonces ¿pedir orientación por escrito no es tu única herramienta?

—No, pero tal vez sea la mejor.

Le agradezco su paciencia con mi interrogatorio. Dada la diferencia de dos horas entre nuestros respectivos husos horarios, le doy las buenas noches antes de tiempo, pues tenemos previsto volver a conversar por la mañana.

—Dulces sueños. Hasta mañana.

Me despierto temprano —demasiado temprano—, a altas horas de la madrugada, y me encuentro de mal humor. Los días en los que acuso la falta de sueño me siento fatigada y sobrellevo el malestar a lo largo de la jornada grogui y a medio gas. Hoy es uno de esos días: sigo amodorrada después de tres tazas de café. No me atrevo a tomar más porque temo ponerme de los nervios.

Pero ¿qué es esto? Una llamada telefónica de mi agente literaria, Susan Raihofer, de buena mañana.

—¡Julia! —exclama. ¡Me encanta tu libro de oraciones!

He estado esperando con el alma en vilo a que se pronuncie; es una lectora rigurosa y exigente. Su aprobación me importa: es un buen augurio para el futuro del libro. Así pues, contenta, exclamo:

—¡Hurra!

Tras colgar el teléfono, animada y motivada por el entusiasmo de Susan, repaso los mensajes de la voz que me guía. El siguiente paso es enviar el libro a Joel Fotinos, a la editorial St. Martin's Press. Leo: «A Joel le encantará el libro y lo apreciará».

Me doy cuenta del optimismo del mensaje, pero, como es lógico, ansío escuchar noticias de boca de Joel.

Susan me telefonea de nuevo para comunicarme que no hablará con Joel hasta dentro de unos días. «Es un hombre ocupado», explica para consolarme. Estoy de acuerdo con ella. Al escribir mis páginas matutinas apunto: «Es hora de que dejes de pisar el acelerador». Aunque ardo en deseos de conocer las impresiones de Joel, estoy dispuesta a deferirme a sus tiempos. Se pondrá con mi libro en cuanto le sea posible, y mientras tanto he de escribir.

> «No descuidemos el bienestar propio por el bien de otros, por importantes que sean. Partiendo del conocimiento claro del propio bienestar, pongamos la intención en nuestro bien».
>
> BUDA

PEDIR ORIENTACIÓN POR ESCRITO

Elige un tema del ámbito laboral sobre el que necesites claridad mental, apoyo o consejo. Escribe: «¿Qué hago con respecto a X?», y a continuación presta atención y apunta lo que oyes. No te sorprendas si la orientación que recibes es sumamente concisa, optimista y esclarecedora.

Abrazar el optimismo

A lo largo de los treinta años durante los cuales he pedido orientación, la voz que me guía ha demostrado ser digna de confianza. Sin embargo, cuando sus mensajes destilan excesivo optimismo, me pillo a mí misma poniéndolos en duda.

En mis clases, a menudo hablo acerca de la voz que nos guía. Aconsejo a mis alumnos que prueben a buscar orientación, y, efectivamente, lo intentan. Les revelo mi sencilla fórmula: que escribo tres páginas matutinas para abrirme de par en par y entregarme a mi receptividad, y a continuación formulo una pregunta directa sobre la que pido consejo. Yo uso las siglas «P. J.» (las iniciales de «Pequeña Julia») para hacer mi petición. Con independencia de que invoque a un «poder superior» o solo a «fuerzas superiores», siempre se me recibe calurosamente. Los mensajes que se me transmiten son de una claridad reconfortante. Me tranquilizan —«Se te conduce con prudencia por el buen camino»— y después van al meollo de la cuestión: «Tu libro va a manos amorosas».

Cuando echo un vistazo a los mensajes, los encuentro positivos e incluso alentadores. Su tono es sereno y objetivo. Me doy cuenta de que, al escribir a mano, se me conduce palabra a palabra. «Oigo» la manifestación de la voz que me guía a través de palabras y frases que toman forma en mi conciencia. Más que escribir, es como tomar un dictado. Hay un flujo constante de información que solo se interrumpe cuando un enunciado me resulta demasiado bueno para ser cierto: cuando mi yo escéptico irrumpe.

Que no te quepa la menor duda: adoptar una actitud positiva supone un reto. Cada uno de nosotros tenemos un límite en lo tocante a nuestra capacidad —o disposición— para aceptar bondades. Cuando algo rebasa ese límite, por ser un bien mayor de lo que podría merecer nuestro sentimiento de valía, a menudo desechamos la idea. Abrigamos el temor de que la voz que nos guía nos esté llevando a forjar castillos en el aire. Nos sentimos ridículos, como si fuéramos egocéntricos por la «osadía» de soñar a lo grande. Si los mensajes que se nos transmiten insisten en lo positivo —como a menudo es el caso—, es posible que seamos remisos a recibir consejos de cualquier índole. Es entonces cuando, tal vez sumidos en la depresión, avanzamos a duras penas. Finalmente, presos de la melancolía, tratamos de buscar orientación de nuevo y, en esta ocasión, cuando los consejos son positivos, nos aferramos a ellos del mismo modo que alguien que está ahogándose se aferra a un salvavidas. Nuestra depresión se mitiga y notamos que nos volvemos más positivos. Si a pesar de ello recelamos del optimismo de los consejos que recibimos, es preferible a la oscuridad de menospreciar lo que se nos transmite. Aprendemos que es más conveniente centrarse deliberadamente en lo positivo. Al escuchar, aunque sea con renuencia y pese a nuestro escepticismo, a la voz que nos guía, llegamos a la conclusión de que, después de todo, el futuro puede ser propicio.

La luna asciende sobre las montañas. Es una luna nueva y su fino arco dibuja una hoz en el cielo. Estoy haciendo recuento de las experiencias positivas del día, una práctica que aprendí de mi amiga Jeannette. El primer lugar de la lista de las experiencias positivas de mi día a día lo ocupa esta: he sacado a pasear a mi perrita. Como hoy el ambiente era sofocante, decidí que la salida fuera lo más corta posible. Lily, Nick y yo nos pusimos en marcha con un calor abrasador, pero pronto empezó a soplar una agradable brisa.

«No escondas tus talentos, que se hicieron para usarlos. ¿Qué es un reloj de sol en la sombra?».

Benjamin Franklin

—¿Intentamos ir más lejos? —pregunté a Nick, puesto que le había adelantado que el paseo sería corto.

—Como quieras —respondió. Un hombre robusto, había aguantado caminando a una temperatura de 33 °C a un paso resuelto.

—¡Pues adelante! —exclamé.

Así pues, Nick, Lily y yo emprendimos el largo ascenso por una loma. Caminaríamos cuesta arriba durante un kilómetro por una pista de tierra. Cuando pasamos por un patio vallado, un perro cautivo se puso a ladrar. Lily ladró a modo de respuesta, pero siguió su camino con la nariz levantada frente a la brisa.

—¿Cómo va tu libro sobre la orientación? —me preguntó Nick, al tiempo que ponía un pie delante del otro, aguardando mi respuesta con paciencia.

—Va bien —respondí—. Voy por la página veinticinco. ¿Tú recibes orientación en tus rutas de senderismo?

Pensé que la respuesta sería «sí», pero Nick me sorprendió.

—No mucha. Requiere un sobreesfuerzo. Cuando no salgo a practicar el senderismo, sino simplemente a caminar, a veces recibo algún consejo, pero, por lo general, lo obtengo por medio de la escritura. Sí, escribir abre esa puerta.

Por culpa del calor me encontré desprovista de orientación mientras Nick, Lily y yo continuábamos la caminata. Al detenerme para recobrar el aliento, me di cuenta de que tenía la mente en blanco: Nick tenía razón en cuanto a que el sobreesfuerzo inhibe la orientación. Di media vuelta en dirección a la casa, sin pensar en otra cosa que no fuera el siguiente paso. Cuando llegamos a la verja de mi finca y bajamos deprisa los escalones hasta el jardín, mis rosas languidecían debido al calor.

Dentro, mientras Nick rellenaba de agua el bol de Lily, le dijo en un arrullo:

—Muy bien, bebe más.

Satisfecho de que Lily hubiera saciado su sed, se despidió de nosotras y se fue a preparar una cena *gourmet* para su familia.

«He sacado a pasear a Lily», anoto en mi diario. Mientras escribo, la luna ha ascendido en el cielo. «He entrenado con Michele», añado y a renglón seguido: «He caminado en la cinta a pesar del calor». En general ha sido un día lleno de experiencias positivas. En definitiva, la práctica del optimismo me hizo convertirme con el tiempo en una persona más positiva, menos centrada en el todo o nada. A partir de entonces me felicité por mis logros, mientras que antes me reprochaba mis fracasos. Me di cuenta de que cada día deparaba experiencias positivas. Comencé a tener la impresión de que las cosas positivas superaban las negativas. Al centrarme en lo que había logrado en vez de en lo que me había resultado imposible conseguir, fui capaz de mantener a raya la depresión. El optimismo reemplazó al pesimismo. La esperanza en el futuro —un futuro construido a base de acumular días positivos— empezó a imponerse sobre mis sentimientos agoreros. Jeannette me motivó a centrarme en las cosas que era capaz de controlar; al hacerlo, fui consciente de que me sentía menos víctima de las circunstancias y más dueña de mi destino. «Lo que puedo controlar» quizá fuera algo insignificante, y, sin embargo, las pequeñas cosas iban sumándose. En resumidas cuentas, tenía una lista de cosas positivas. La balanza se inclinó a mi favor.

Pedir orientación por escrito

«Cuenta las rosas,
no las espinas».

Matshona Dhliwayo

Analiza los mensajes de la voz que te guía. ¿Son optimistas? ¿Son reconfortantes? ¿Son de provecho?

Enumera tres cosas positivas de esta semana y, a continuación, tres cosas positivas de la jornada de hoy.

Completa las siguientes frases:

1. Si pudiera abrazar lo positivo, creería…
2. Si pudiera abrazar lo positivo, abrigaría la esperanza de que…
3. Si pudiera abrazar lo positivo, intentaría…

El entorno doméstico

Hoy ha sido un día de calor infernal. En mi casa de adobe, normalmente a una temperatura moderada, hacía bochorno. No tengo aire acondicionado, pero sí un ventilador grande. Llevándolo de una habitación a otra conforme yo me movía, he conseguido sobrellevarlo. He seguido el consejo que me dio Jeannette: «Céntrate en las cosas que puedes controlar». Ahora, a medida que se pone el sol, la temperatura desciende y en mi casa se respira un ambiente cada vez más agradable. Conversando con mi amiga Laura supe que Chicago también está sufriendo una ola de calor. En vista de que era imposible salir a la calle, se ha quedado en casa disfrutando del aire acondicionado.

—Menos mal que tengo aire acondicionado —dijo en voz queda Laura, que adoptó el hábito consciente de centrarse en lo positivo.

—¿Tú escribes para pedir orientación? —le pregunté.

—Oh, sé que debería y a veces lo he hecho, pero mira por dónde tu pregunta es un buen recordatorio.

—Sí, pienso que escribir es provechoso —le dije a

Laura con delicadeza—. Yo escribo para que se me marque el rumbo a diario y eso me mantiene estable.

—A lo mejor vuelvo a probar —comentó Laura. Su tono denotaba resolución.

Al término de la conversación telefónica, yo misma recurrí a pedir orientación por escrito. Ese día había impartido una clase por Zoom —a un numeroso grupo de más de doscientas personas— sobre las páginas matutinas. «¿Puede desarrollar más el tema de la orientación?», preguntó un alumno, de modo que expliqué mi práctica: escribir cada mañana tres hojas a mano y, a renglón seguido, una petición de orientación. Aclaré que, en mi opinión, las páginas fomentan mi receptividad. Que tras escribir «¿Puedo recibir orientación acerca de X?», atendía y sintonizaba con lo que oía. «Pensamos que conseguir orientación es difícil —señalé—, cuando, de hecho, es fácil. Simplemente prestad atención».

«¿Pedirá Laura orientación por escrito?», pregunté yo misma a la voz que me guía.

«Eso depende de Laura», respondió la voz que me guía, renuente a salir del anonimato.

«Bueno, espero que así sea —proseguí—. ¿Puedes guiarme a mí?».

«Necesitas aire acondicionado —fue su respuesta—. Sigue el ejemplo de Laura».

Así pues, ante la imposibilidad de adivinar el comportamiento de mi amiga, moví el ventilador otra vez y pensé en lo agradable que sería disfrutar de un ambiente… más fresco en casa. Tras pronunciar mi oración para la serenidad, me di cuenta de que la —elevada— temperatura en el interior era algo que estaba en mi mano cambiar. Tan solo necesitaría impartir más clases… y controlar los gastos. Con el consejo de la voz que me guía decidí intentarlo.

«El optimismo es el remedio para los pensamientos negativos».

Mwanandeke Kindembo

En el exterior, la temperatura roza los 36 °C y mi casa es un horno. Hice gestiones para que me instalaran el aire acondicionado y por lo visto he de esperar diez días más hasta que vengan los técnicos. Me irrita la demora. Cuando contraté la instalación del aire acondicionado, estaba impaciente por que fuera un servicio inmediato. Mientras tanto, me apaño con el ventilador y con botellas grandes de agua muy fría. Mi amiga Jeannette me advierte que no me exija demasiado con estas temperaturas. Por lo que me abstengo de sacar a Lily a su paseo diario. Como está inquieta debido al calor, le sirvo boles de agua fría. Se le ha quitado el apetito, lo mismo que a mí. No engulle su comida con la fruición que la caracteriza. Yo desayuné gachas de avena de buena mañana, pero me he saltado el almuerzo. Tengo previsto cenar tarde esta noche, aunque sigo sin hambre. Mi intención es comer para evitar que me den tembleques; el calor excesivo me provoca temblores.

Mi amiga Emma Lively me telefonea para preguntarme: «¿Estás bebiendo suficiente agua?». Cree firmemente en los beneficios de una hidratación adecuada y me da la lata para que beba sin cesar. He surtido la nevera de botellas de agua. Me da la impresión de que me las bebo a un ritmo alarmante. Decido preguntar a la voz que me guía si estoy excediéndome. He aquí lo que «oigo»:

«Pequeña, tu ingesta de agua es crucial. Conforme exudas el agua debes reponerla. Con esta ola de calor, toda la que bebas es poca. Haces bien en tomarla en grandes cantidades. Mientras te mantengas hidratada, te encontrarás menos irascible. Comprobarás que el buen ánimo y el bienestar mental son fruto de una hidratación adecuada».

Obedeciendo a la voz que me guía, me dirijo despacio a la cocina y saco otra botella de la nevera. A medida que bebo a pequeños sorbos, noto que, tal y como me ha prometido, me voy tranquilizando. Me llevo el ventilador del dormitorio a la biblioteca para trabajar en el ordenador en un ambiente relativamente fresco.

Pero ¿qué es esto? El ordenador está plagado de hormigas diminutas. Soy reacia a matarlas, aunque es probable que sea lo más conveniente. Me resigno a su presencia y soplo sobre el teclado para desembarazarme de ellas. Hormigas, calor... Mi casa me resulta inhóspita. Me dirijo a la sala de estar y llamo a Emma Lively.

—Te he enviado ventiladores —anuncia—. Te llegarán el lunes. Mientras tanto puedes seguir moviendo el ventilador de habitación a habitación según donde estés.

Emma está pendiente de mí, y yo agradezco sus cuidados. A menudo anticipa mis necesidades antes de que yo misma sea consciente de ellas. Yo no habría tomado la iniciativa de encargar ventiladores, pero ahora me doy cuenta de que estoy deseando recibirlos. Mientras espero a que instalen el aire acondicionado, los ventiladores harán que mi hogar resulte habitable. Gracias, Emma.

Está atardeciendo y la temperatura empieza a descender. Una media luna asoma sobre las montañas.

—¿Podrás dormir con tanto calor? —quiere saber Emma.

—Tengo el ventilador grande —afirmo para que se quede tranquila, y yo también.

Cuando compré la casa, era invierno y no se me ocurrió pensar en el calor que se avecinaba. Ahora que lo tengo encima, creo que fui corta de miras. En verano hace calor en Santa Fe, y tengo calor en Santa Fe. La voz que me guía me dice que con los ventiladores —y el agua— bastará. Según el pronóstico, la actual ola de calor continuará solo hasta el lunes, cuando entrará un agradable frente fresco.

«Solo hasta el lunes», digo para mis adentros. Es decir, que hay dos largos días de por medio. He movido el ventilador de la biblioteca a la sala de estar, donde estoy sentada en el sofá de dos plazas, escribiendo. Me da por tratar el tema del calor, a pesar de que la salida de la luna ha traído consigo una agradable brisa que mece las ramas del pino piñonero y proporciona alivio al final del día.

«Quienes son considerados aventureros por naturaleza son también optimistas».

Mwanandeke Kindembo

Empiezo a plantearme la orientación como una ayuda en aras del optimismo. En mi día a día detecto multitud de pequeños «puntos de elección» en los que es posible adoptar una actitud positiva. Cada vez soy más consciente de que, al prestar atención a estos puntos y obrar en consecuencia, soy yo quien marco el rumbo de la jornada en vez de que las circunstancias me lo marquen a mí. Empiezo por pronunciar la oración para la serenidad: «Señor, concédeme serenidad para aceptar las cosas que no puedo cambiar, valor para cambiar aquellas que soy capaz de cambiar y sabiduría para reconocer la diferencia». Con ayuda de esta sencilla plegaria marco la tónica del día. Dejo de malgastar energía en tratar de cambiar lo que he de aceptar. Focalizo la sabiduría para discernir lo que es susceptible de cambio —como insiste Jeannette— en lo que puedo cambiar. Haciendo lo que está en mi mano, aprendo a ser consciente de lo que no depende de mí. En otras palabras, «soltar las riendas y entregárselas a Dios».

Le escribo un correo electrónico a mi amigo el editor Andrew Franklin, que se encuentra a más de cien kilómetros de Londres, sobrellevando la pandemia de la COVID-19 en su casa de campo. Este año ha publicado mi trabajo actuando de buena fe, a la espera de firmar un contrato cuando se resolvieran mis asuntos legales. Ahora que las cuestiones legales se han aclarado, nuestros correos destilan júbilo. La voz que me guía me asegura sin cesar que Andrew es un *fuerte aliado* para mí. Con la confianza en esa premisa, le escribo con frecuencia. Él me responde con alegres cartas en tono literario. «¿Cómo te las ingeniaste para ser editor en vez de escritor?», le pregunto. Él elude el cumplido con modestia. Mientras la COVID-19 diezmaba Inglaterra, yo tuve presente a Andrew en mis oraciones diarias. A día de hoy está sano y salvo.

Acomodada para escribir, contemplo la luna. Aunque solo se aprecia media, baña las montañas con una luz argéntea e ilumina el patio y el jardín, donde mis rosas languidecen y mis lirios se mantienen derechos pese al calor. La caída de la noche es gratamente recibida; el calor abrasador del día se mitiga. Con el ventilador en marcha y mis botellas de agua me preparo para una noche calurosa, pero soportable. Me alivia quitarme la ropa sudada para ponerme el pijama fresquito. Me reprendo a mí misma para no pensar en mañana. Esta noche ha refrescado lo suficiente.

«Día a día», nos instan los sabios a vivir. Y, por lo tanto, atiendo a su consejo. En busca de orientación me pongo a escribir y tomo nota de lo que «oigo»:

«Pequeña, vas por buen camino y se te colma de bondades. Céntrate en lo positivo y verás cómo te encuentras cada vez más a gusto. Te sentirás más fresca conforme transcurra la noche. Con ayuda de tu ventilador dormirás plácidamente».

Escucho aliviada la información que recibo. Después de tantos años escribiendo en busca de orientación

«Tuve que encontrar amor y paz interior para abrazar mi historia».

Kimberly Anne Bell

he aprendido a obedecer a la voz que me guía. Esta noche recibo de buen grado su amable sabiduría. En efecto, cada vez me siento más fresca. El calor infernal de mañana puede esperar a mañana.

PEDIR ORIENTACIÓN POR ESCRITO

Elige un tema relacionado con tu entorno doméstico que desees cambiar. Pide consejo sobre este tema y escucha. Anota lo que oigas. ¿Has de tomar alguna medida?

Todos abrigamos dudas

Bueno, ya es mañana y ha vuelto el calor. Recibo una llamada telefónica de mi amiga Scottie en la que me comunica que fue en coche a Alburquerque, donde la temperatura era de 40 °C. En Santa Fe hacía algo más de 35 °C, de modo que, al oír el parte de Scottie, me siento agradecida de que el ambiente por aquí sea relativamente respirable.

Con el crepúsculo, una ligera brisa mece de forma suave las ramas del pino piñonero. Empieza a refrescar. He movido el ventilador de habitación en habitación, con la pequeña Lily siguiéndome los pasos, para disfrutar de la brisa. Con treinta y tantos grados en el ambiente he prescindido de su salida diaria.

«Mañana hará más fresquito», le prometo, pero ella camina impaciente de un lado a otro, ansiosa por salir a pesar del calor. Nick, que ha venido a darme mi imprescindible clase de informática, se apiada de Lily y vierte agua fría en su bol.

—Hoy no puedo sacarte a pasear, pero sí hacerte arrumacos —le dice en un arrullo a mi perrita y se agacha para acariciarle la tripa—. ¿Chuches? —pregunta y acto seguido inicia su consabido juego de lanzarle galletitas crujientes con sabor a hígado.

Lily, a pesar del calor, se lanza a por ellas con ímpetu y se las come con voracidad.

—Muy bien, Lily —dice Nick a modo de elogio.

Ella, que lo adora, se pega a sus rodillas, impregnándose de sus buenas vibraciones.

—Te veo mañana a las cuatro —dice Nick al despedirse—. Y a ti también, Lily.

Con la partida de Nick, tengo por delante una larga noche. Recurro a la escritura en busca de consejo sobre la mejor manera de pasarla.

«Escribirás con fluidez —me transmite la voz que me guía—. Se te ocurrirán palabras e ideas».

Francamente tengo mis dudas. Se me han agotado las palabras y las ideas. Cuando me dispongo a tirar la toalla, a dar de mano la escritura por esta noche, me viene a la cabeza que la duda es un tema que merece la pena abordar. ¿Por qué, después de tantos años, aún me asaltan las dudas? La voz que me guía mete baza:

«Dudar es consustancial a la naturaleza humana —oigo—. La falta de confianza forma parte de la condición humana».

«Pero ¿por qué?», replico.

«La voz que te guía es digna de confianza, pero tu carácter no lo es. Sufres altibajos».

«¡Pero después de tantísimo tiempo debería confiar!», exclamo, en tono quejumbroso.

«La confianza es escurridiza».

«Pero ¿por qué?».

«Como ser humano, eres propensa a dudar. Está en tu ADN espiritual».

Tengo presente que la voz que me guía sostiene que dudar es algo natural. Esto me molesta, aunque

> «Transito por la vida a diario, abrazando el amor donde puedo y dando amor a quienes puedo».
>
> KIMBERLY ANNE BELL

también soy consciente de que es cierto. Una vez más, la voz que me guía demuestra ser fidedigna: da por sentado que dudo y asume la duda como algo normal y natural. Ante este hecho indiscutible, me rindo. De acuerdo: dudaré.

Así pues, me da por cuestionar que la voz que me guía me proporcione palabras e ideas. La única idea que se me ocurre es obstinada: la duda es un defecto de la personalidad. Cuando dudo, me avergüenzo. Un nubarrón ensombrece mi temperamento. Intento salir del pozo por mis propios medios y digo en mi fuero interno que no dudaré.

Sin embargo, el intentar no dudar me hace albergar más dudas. El análisis de uno mismo conduce a la obsesión por uno mismo, y esta es dolorosa. Finalmente, una vez más, me rindo. De acuerdo: la duda es algo normal y natural. La voz que me guía lo da por sentado. No soy una excepción de la condición humana.

Esto me lleva al tema de la humildad. Se me está dando una lección de humildad. Se me insta a ser una trabajadora más, una amiga más. Yo no soy ni mejor ni peor que mi círculo de allegados. Si es humano dudar de la voz que nos guía, entonces soy humana. Pero ¿qué es esto? La voz que me guía me prometió palabras e ideas y, mira por dónde, las estoy encontrando. Al abordar el tema de la duda, estoy haciendo un acto de fe.

«El anhelo por un hogar vive en todos nosotros. Es el lugar seguro donde podemos ser nosotros mismos sin ser cuestionados».

MAYA ANGELOU

«Sufres altibajos», manifestó la voz que me guía, y mi experiencia de esta noche es justo esa.

«La orientación que recibo es *acertada*», me pillo a mí misma pensando, tras desterrar la duda temporalmente. No obstante, esta vez sé que me asaltará de nuevo, puesto que, tal y como dijo la propia voz que me guía, «la falta de confianza forma parte de la condición humana».

PEDIR ORIENTACIÓN POR ESCRITO

Elige un tema acerca del cual estés albergando dudas en este momento. Bolígrafo en mano, pide consejo sobre este tema. ¿Sientes un ápice de fe?

Mitigar la ansiedad

Con el crepúsculo, una ligera brisa mece suavemente las ramas del pino piñonero. El día —una jornada de calor infernal— está refrescando. Mi ventilador hace que el ambiente de la habitación sea soportable. Bebo a pequeños sorbos una botella de agua muy fría mientras observo fijamente las montañas por las ventanas. Las nubes coronan las cumbres y el ocaso les imprime una tonalidad albaricoque. La luna, casi llena, domina el cielo. He reservado dos horas para la escritura, así que me acomodo en el sofá de dos plazas, bolígrafo en mano, con mi diario. Voy a escribir a mano, como de costumbre: considero que la escritura a mano estimula el flujo de las palabras. Así pues, me dispongo a ello, con muchas ganas de empezar. Me da por escribir sobre las nubes que envuelven las montañas. ¿Traerán lluvia? Suena el repiqueteo de los truenos. La lluvia sería gratamente recibida para paliar el calor. Me llama por teléfono mi amigo Scott.

—¿Has oído la tronada? —pregunta—. Puede que llueva.

Un fuerte viento azota ahora el pino piñonero. Los

«"Hogar" es la palabra más bonita que existe».

John Hawkins y William Putman

pajarillos se refugian en las ramas interiores. Suena otro repiqueteo de truenos al oeste.

—Aquí las inclemencias del tiempo suelen proceder del oeste —me dice Scott—. Estoy sentado en el porche, con la vista clavada sobre la valla, pendiente de la lluvia.

La pequeña Lily, anticipándose a la inminente tormenta, se esconde en un recoveco detrás del perchero. Los truenos la asustan, y se están aproximando. De pronto, unas cuantas gotas de lluvia gruesa caen con fuerza contra mis ventanas.

«Ay, qué bien», digo con un suspiro. El calor ha sido agobiante y la lluvia es bien recibida.

> «Bajo nuestros pies y a nuestro alrededor yacen paisajes maravillosos de gran belleza».
>
> WALT DISNEY

El teléfono suena con estridencia. Me llama mi amiga Jennifer Bassey, desde el sur de Florida.

—Te estoy llamando ahora porque vamos a pasar dos o tres horas en la terraza y no me voy a llevar el teléfono —me informa—. Solo quería que supieras que te quiero.

La llamada de Jennifer es corta, pero la agradezco. Yo tenía previsto telefonearla más tarde, de modo que lo dejaré para mañana. Hablo con frecuencia con Jennifer para pedirle que me tenga presente en sus oraciones. Ella reza visualizándome «envuelta en un halo blanco» y sus plegarias son poderosas. Cuando doy clases, reza para que me desenvuelva bien. Imparto mis enseñanzas con soltura y la llamo después para darle las gracias.

—No hay de qué —responde.

Me la imagino en su terraza en Florida, compartiendo un cigarro con su marido, George. Son una pareja bien avenida; ambos octogenarios, gozan de vitalidad y atractivo. Al igual que Jennifer, George es un ferviente creyente, que reza una hora, sin falta, a diario. Las horas que pasan relajándose en su terraza, con vistas al canal de navegación que discurre paralelo a la costa, son ratos de gratitud. Senderistas avezados, salen a caminar todos los días entre tres y siete kilómetros, y a su regreso disfrutan de la terraza. Son un tándem feliz y gozan de su mutua compañía, unos optimistas a ultranza y unos amigos considerados.

—Hablamos mañana —dice Jennifer y pone fin a la conversación.

Espero con ilusión la llamada de mañana y mantener una conversación más larga. La práctica espiritual de Jennifer es rigurosa y, sin embargo, tiene un cariz jubiloso. La voz que la guía la insta a tener presentes a los amigos que viven lejos: a tenerme presente como esta noche.

Enseguida ha escampado. Lily sale con sigilo de su escondite y se tiende sobre las frescas losas de terracota de la sala de estar. Mientras disfruta del frescor, los flancos le palpitan rítmicamente.

«¿Sigue teniendo calor Lily?», pregunto a la voz que me guía.

«Sírvele agua fresca», me indica.

Así pues, me dirijo despacio a la cocina, saco una botella helada de la nevera y vierto el agua fría en su bol. Con este calor, Lily bebe con frecuencia y avidez, vaciando el gran recipiente de agua de una sentada.

Esta noche mi intención era abordar el tema de la ansiedad, pero el tiempo ha trastocado mis planes. Tenía previsto explicar que la ansiedad puede bloquear la orientación, obstruir el canal a través del cual fluye la voz que nos guía.

«¿Qué debería decir acerca de la ansiedad?», pregunto a continuación.

«Que es letal», se me dice.

«¿Letal? ¿No es eso un pelín exagerado?».

«Sin rumbo, la vida es letal», insiste la voz que me guía, con dramatismo. «Cuando estás ansioso, resulta imposible escuchar», prosigue. Y, al recordar las veces en las que he rezado para recibir orientación y me he quedado en blanco, llego a esa misma conclusión. Me doy cuenta de que es cierto, que la ansiedad anula. Pienso en la pregunta que me hizo Jennifer mientras rezábamos: «¿Estás ansiosa? Respira hondo y cuenta hasta cinco. Hazlo de nuevo. ¿Se está relajando tu diafragma? Ahora podemos rezar».

Así pues, aleccionada por Jennifer, aprendí a soltar la ansiedad. «Respira, y punto», me aconsejó. Ahora, al respirar hondo, oigo el mensaje: «La ansiedad es el enemigo. Respira hondo».

«Creo en la intuición y en la inspiración. A veces siento que estoy en lo cierto, aunque aún no sepa que lo estoy».

ALBERT EINSTEIN

Una neblina envuelve las montañas. Cae una lluvia ligera; el pino piñonero brilla con las gotas de la llovizna. En la casa se respira un ambiente más fresco gracias a los dos ventiladores que Emma me envió. Aunque emiten un ruido monótono, soy capaz de desconectarme de él.

Hoy he escrito en busca de orientación y esta ha sido sumamente tranquilizadora. Invoqué al poder superior y oí: «Julia, estoy a tu lado. Se te conduce con prudencia por el camino correcto». Sus mensajes fueron precisos y reconfortantes: «No hay motivo para la ansiedad, pues esta noche te proporcionaré palabras y pensamientos».

«No intentes comprender con la mente. La mente es muy limitada: usa la intuición».

MADELEINE L'ENGLE

Y, por lo tanto, acomodada en el sofá de dos plazas, aguardo las «palabras y pensamientos». He conversado con Scottie, que manifestó sentirse «divinamente». En su zona, lo mismo que en la mía, está cayendo una lluvia menuda.

—Los perritos y yo estamos disfrutando del olor de la lluvia —declara.

Al comentarle que todavía no he escrito nada, me asegura:

—Aún es temprano. Hay tiempo de sobra para escribir.

Tras colgar el teléfono, me pongo a pensar en la oración diaria de Scottie por «el bienestar y la alegría». Está claro que, un día más, sus plegarias han sido atendidas. Su voz gutural destilaba calma al preguntarme cómo me había ido el día. «Hoy me ha dolido la espalda —he respondido de mala gana, aunque rápidamente he añadido—: Pero ahora estoy mejor». En vista del buen ánimo que la caracteriza, cuesta contar algo negativo.

No obstante, la espalda me ha dolido bastante y todavía me duele, aunque menos. Hoy he hecho ejercicio con mi entrenadora, Michele Warsa, que me ha puesto a realizar una serie de estiramientos con el objetivo de calentar mis músculos doloridos. «Siempre puedes hacer los estiramientos por tu cuenta», me aconseja Michele. Ciertamente, aunque me sienta mejor realizarlos con ella.

Ahora que mi dolor de espalda ha remitido, recurro a la voz que me guía en busca de más consejos. «Realiza los estiramientos de nuevo —se me indica—. Eso te aliviará».

Malhumorada, pero obediente, realizo los estiramientos y, como era de esperar, noto que mi dolor de espalda se alivia prácticamente por completo. «Qué haría yo sin orientación», me pillo a mí misma rumiando. He encontrado que la orientación me resulta provechosa en todos los ámbitos de mi vida, incluso hasta en mi método de enseñanza. Cuando apelo a fuerzas superiores, se me asegura: «No te preocupes, no te abandonaremos. Nuestra intención es guiarte en todo momento. Pídenos ayuda y te la proporcionaremos gustosamente».

Así pues, reconfortada, me encomiendo a la escritura diaria. Me da por escribir «El cuerpo, la mente y el espíritu van unidos», y anoto la reflexión de que mi experiencia de hoy lo demuestra. El dolor de espalda fue el causante de que mi mente se preocupara y mi ánimo decayera. Mientras contemplo por la ventana el pino piñonero, los pajarillos a los que proporciona cobijo me brindan unos momentos de alegría. La naturaleza es, como siempre, un bálsamo.

Mi hija, Domenica, me telefonea para decirme:

—He sacado a mi cachorro a dar un largo paseo.

El perrito, un bernedoodle —un cruce entre un boyero de Berna y un caniche— se está poniendo enorme. Puede que pronto sea él quien saque a mi hija a pasear, no a la inversa. Con todo, el paseo diario le levanta el ánimo a mi hija.

—Me he saltado las páginas matutinas —confiesa—. Menos mal que he salido a caminar.

Por regla general, mi hija escribe páginas matutinas a diario, en la confianza de que le marquen el rumbo en su ajetreado día a día. Además de esta herramienta, cuenta con un amplio círculo de amigos que la aconsejan en sus dilemas diarios. Hoy telefoneó a una amiga íntima desde hace más de dos décadas para que la aconsejara sobre la mejor manera de lidiar con un familiar difícil.

«Mantén las distancias con ella —le aconsejó—. Evita los encuentros con ella». Por lo cual mi hija está adoptando el hábito de «morderse la lengua». Cuando me cuenta los desplantes y despropósitos de su caprichosa y egoísta tía, me hago eco del consejo de su amiga de «mantener las distancias con ella». Según mi hija, los mensajes que le transmiten por escrito también le aconsejan evitarla. Pienso en mi fuero interno lo afortunada que es Domenica por recibir orientación de tantas formas, tanto por medio de la escritura como de la palabra. Al pillarme a mí misma involucrándome en el aprieto de mi hija, también recurro a la voz que me guía y oigo: «Mantente al margen». Así pues, aleccionada para no inmiscuirme, compruebo que mi ansiedad se disipa.

«Cuando llegues al final de lo que debes saber, estarás al principio de lo que debes sentir».

Kahlil Gibran

Llevo treinta años pidiendo orientación por escrito. En el transcurso de ese tiempo, mi hija pasó de ser una adolescente vivaracha a convertirse en una respetable mujer casada. ¿Con qué frecuencia, a lo largo de su trayectoria, he recurrido a la escritura en busca de consejos para su crianza? Ahora mi hija es madre también y una veterana de las páginas matutinas con veinte años de práctica. A lo largo de su viaje se ha valido de la voz que la guía, poniendo por escrito el «inventario» de sus éxitos y fracasos, pidiendo a diario sabiduría para aceptar las cosas que no puede cambiar y valor para cambiar aquellas que es capaz de cambiar. Yo he sido testigo de cómo se ha trazado el camino de su vida. Hoy, felizmente casada, es madre de una pizpireta niña, Serafina, que ya tiene once años y que nació —lo cual es manifiesto— el día de la Independencia.

«El hombre no se preocupa tanto de los problemas reales como de sus preocupaciones imaginarias sobre los problemas reales».

Epícteto

—De modo que voy a mantener las distancias con mi tía —apostilla Domenica para concluir la conversación telefónica—. Aunque me he quedado con muchas ganas de echarle un rapapolvo.

—Pero te mantendrás al margen, ¿verdad?

—Sí.

Después cuelgo el teléfono sintiendo gratitud al pensar en la sabiduría que nos proporciona la voz que nos guía.

PEDIR ORIENTACIÓN POR ESCRITO

Completa las siguientes frases:

1. Siento ansiedad por…
2. Me preocupa que…
3. La principal causa de mi ansiedad es…

A continuación elige el tema más «importante» de la lista. Pregunta por escrito: «¿Qué debería hacer respecto a X?». ¿Se te ocurren nuevas soluciones?

SEMANA

2

Cultivar la fortaleza

Esta semana conectarás con la voz que te guía para tratar cuestiones de autocuidado. Buscarás de una manera activa las cosas positivas que hay en tu vida y los comportamientos —así como los amigos— que las fomentan. Te darás cuenta de que la orientación puede promover tu autocuidado y de que, cuando te comprometes a cuidarte, cultivas la lucidez y la fortaleza. *Tratarte a ti mismo como un preciado objeto te hará más fuerte.* A medida que profundices en tu compromiso de tratarte con una actitud amorosa, experimentarás un nuevo sentimiento de valía que reafirmará tu decisión de quererte a ti mismo. Encontrarás que estableces nuevos límites.

Ver lo positivo

En mi casa hay ratones. Anthony, el manitas al que recurro, ha colocado trampas. Esta noche, cuando vino a echar un vistazo, encontró dos ratones muertos: uno en la sala de estar y otro en el cuarto de baño de mi habitación. A pesar de que estaban muertos, el miedo se apoderó de mí. ¿Habría más? No quise saberlo. Recurrí a la voz que me guía para que me tranquilizara.

«¿Qué hago con el problema de los ratones?», pregunté.

«Estás exterminándolos —se me dijo—. Anthony es concienzudo y de gran ayuda. Estarás a salvo. Los ratones no suponen una amenaza».

Así pues, aunque nerviosa, me acomodo para escribir. Me siento agradecida, como siempre, por la orientación que recibo. A mi modo de ver, «exterminarlos» suena bien. Creo que la voz que me guía elige las palabras con tino.

Ahora estoy instalada en el sofá de dos plazas, mirando por la ventana el pino piñonero, cuyas ramas se mecen ligeramente con la brisa vespertina. La vista alcanza la zona de césped que se extiende más allá del árbol y, al fondo, las montañas. Con el atardecer se tiñen de luz dorada. La puesta de sol baña en oro las cumbres.

He tenido un buen día. Susan Raihofer, mi agente literaria, me telefoneó para darme la magnífica noticia de que a Joel Fotinos, mi editor, «le ha encantado» mi nuevo libro. He recibido la noticia con júbilo. La voz que me guía me había transmitido que el libro sería recibido «con los brazos abiertos», pero, como me suele pasar tan a menudo con las magníficas noticias, me asaltaron las dudas. «Me ha encantado», afirmaba rotundamente Joel en su correo electrónico a Susan. Ella me lo reenvió y lo leí varias veces, poniendo empeño en que la buena nueva calara en mí. «Me ha encantado» era una frase contundente. Me había pasado la semana con el alma en vilo a la espera del veredicto de Joel. Ahora había recibido su aprobación.

Llamé a mi colega Emma Lively, que había realizado la labor de edición del libro.

—A Joel le ha encantado —anuncié, rebosante de felicidad.

Emma recibió la noticia con júbilo. Ella también había pasado la semana en vilo mientras Joel deliberaba.

—¡Enhorabuena!

Mi amigo Scott Thomas, un lakota de avanzada edad, comienza el día con una petición para recibir orientación. Tras realizar una ofrenda de comida y café, invoca a los antepasados de su tribu para que le marquen el rumbo de la jornada. Si tiene preguntas, pide que le proporcionen respuestas; si tiene problemas, pide que se resuelvan. Sobrio desde hace treinta y cuatro años, recorre una senda espiritual que le brinda una estrecha conexión con el «mundo invisible», como él denomina al reino donde residen los espíritus. Todos los días, antes de ponerse con los quehaceres diarios, trata de conectar de una manera consciente con aquellos que se marcharon antes que él.

—Los espíritus velan por mí —explica Scott acerca de su constante sensación de estar protegido.

Hombre corpulento de talante sereno y agradable, Scott lleva su largo pelo canoso recogido en una pulcra cola que le cae por la espalda. Alrededor del cuello luce una bolsita de cuero sin curtir llena de amuletos.

—Dudo que en nuestro idioma existan palabras para describirlo —señala—. Antaño teníamos muchos términos espirituales, pero ya no. Resulta difícil hablar sobre los espíritus y el mundo invisible sin parecer un chiflado. El mundo invisible es como un espejo para nosotros: espíritu y consciencia. Por supuesto que hay espíritus que nos aprecian y nos guían. La idea de que cuando alguien fallece todo su amor por ti… ¡paf!, desaparece, es absurda. Es una creencia terrible; infunde a la gente el temor a la muerte. En mi opinión, el amor del espíritu perdura. Me consta que sí. Resulta más fácil explicar todo esto en lakota.

Scott expone en tono suave y convincente sus creencias y prácticas espirituales. Sus oraciones a primera hora de la mañana le marcan la tónica de la jornada. En el transcurso del día, la voz que le guía, que se manifiesta a través de revelaciones espirituales, corazonadas o presentimientos, continúa marcándole el rumbo.

—Se me guía —afirma sin más.

Para él es normal y natural seguir las directrices. Como él dice: «Por supuesto que hay espíritus que nos quieren y nos guían».

Al realizar sus ofrendas matutinas, Scott pone de relieve su creencia en el mundo invisible y en los espíritus que en él habitan, siempre vigilantes y protectores, siempre amables y sabios. Terapeuta de profesión y sanador por naturaleza, Scott combina las creencias de sus orígenes lakota con técnicas terapéuticas modernas. Mediante la combinación de ceremonias de sanación ancestrales y la psicología, ofrece a sus pacientes un método sui géneris hacia la salud mental y espiritual. Versado tanto en las tradiciones de su pueblo como en lo que él denomina la cultura dominante, dirige una exitosa consulta en la que se distingue por una profunda compasión. Aunque desde su punto de vista gran parte del estilo de vida occidental actual es una barbarie, atempera su labor con su antiguo linaje espiritual. La voz que le guía le instruye en su peculiar y característico método de sanación. Él siente gratitud hacia los espíritus por ello.

«La intuición es como leer una palabra sin tener que deletrearla».

Agatha Christie

Un alma madrugadora, Emma Lively da la bienvenida al día sobre el papel: escribe las páginas matutinas para que se la oriente en la jornada que tiene por delante, cuyas directrices se le proporcionan a través de su propia mano. A lo mejor plantea: «No sé qué hacer respecto a X», y, como es de esperar, la respuesta le llega, bien marcándole un rumbo definido, bien de una manera más sutil, por medio de una corazonada o un presentimiento. A lo largo de sus años de práctica diaria, Emma ha llegado a depositar su confianza en la voz que la guía. Siguiendo sus directrices, su vida transcurre sin contratiempos, llena de creatividad y amigos.

«Emma es un sol —señala un colega—. Es una optimista a ultranza». Emma derrocha buen humor gracias a su práctica matutina. Ella confía en que la voz que la guía la conduzca con prudencia por el buen camino. Cuando se enfrenta a un obstáculo, lo plasma «sobre la página», donde recibe consejo y apunta lo que «oye». Escritora y compositora, sus talentos se refinan a través de la escritura. Los mensajes le proporcionan inspiración y ella florece página a página.

Victoria, madre de una niña pequeña, es otra practicante de las páginas matutinas. Se levanta temprano, antes que su hija, y se pone a escribir.

«Mis días transcurren mejor cuando escribo», declara Victoria. Para ella, las páginas son muy valiosas y, los días en los que la cría se despierta antes que ella, las echa en falta.

«Sí, me proporcionan orientación —asevera—. Escribo sobre todo lo habido y por haber y las páginas me indican cómo proceder en mis asuntos —añade—. Estoy inculcándole a mi hija: "Mami está escribiendo"».

La hija de Victoria parece captarlo. Está aprendiendo que, los días en los que su mamá escribe, está menos gruñona.

«A veces me levanto a las cinco y media para que me dé tiempo a escribir las páginas», confiesa Victoria. Como hace malabarismos para ejercer de madre y de directora a tiempo completo en su profesión, todos los valiosos consejos que pueda conseguir son pocos. El hábito de redactar las páginas le brinda apoyo. «Pongo en orden mis prioridades —afirma—. Se me indica qué hacer y cómo proceder».

Además de esta práctica diaria, ha adoptado el hábito de realizar lo que ella denomina «paseos para el bienestar mental» cada día. Camina un kilómetro y medio desde su casa hasta un parque situado en las inmediaciones. Al estirar las piernas desentumece la men-

> «Totalmente en paz consigo mismo, un *bhikkhu* no buscaría la paz en los demás, pues, para quien está en paz consigo mismo no hay nada a lo que aferrarse, y aún menos que menospreciar».
>
> Buda

te. Durante sus cavilaciones matutinas traza un plan de acción. A su regreso, revitalizada tras el ejercicio aeróbico, acomete su lista de tareas. La voz que la guía le indica lo primero que ha de hacer. Con la crianza de su hija y de un cachorro recién adoptado, su día a día está lleno de multitud de pequeños «saltos». Ella atiende a las directrices acerca de cómo llevar a cabo la labor que tiene entre manos, ya sea supervisar la clase de piano de su hija o enseñar a su cachorro la orden «quieto». Sus textos versan sobre los muchos asuntos que la ocupan a lo largo de la jornada. Al final del día hace un recuento de todo lo positivo: la voz que la guía ha propiciado su actitud activa y productiva. Al anochecer se encuentra cansada pero satisfecha.

Practicante de la senda espiritual desde hace cincuenta y ocho años, mi amiga Julianna McCarthy ejercita la escucha atenta como medio para recibir orientación. Entrenada en la práctica de ayudar y servir a los demás, lo hace escuchando, ofreciéndose como confidente sensible de las vicisitudes y preocupaciones de las personas a las que atiende. Bendecida con un extraordinario buen humor, a menudo realiza una observación jugosa para resumir las dificultades. Con la decisión consciente de vivir «el momento presente», defiende la idea de que la sabiduría consiste en vivir exclusivamente el desarrollo de cada día. Cuando le plantean con excesivo dramatismo una retahíla de desdichas desproporcionadas, a lo mejor pregunta con delicadeza: «¿Qué importancia reviste?». Cuando la vida de un paciente está sumida en el caos debido a una falta de orden en las prioridades, ella a lo mejor le aconseja: «Lo primero es lo primero». Sin confesar de forma abierta sus creencias religiosas, a lo mejor pregunta con toda la intención: «¿Dónde está Dios en todo esto?». El paciente, debidamente escarmentado, tal vez busque una dimensión espiritual ante un problema en apariencia terrenal.

—Valoro mucho el humor de Julianna —declara una agradecida receptora de su sabiduría—. Pone las cosas en su justa medida.

A sus noventa años, Julianna es, sin duda, una anciana sabia que vive su vida con sagacidad y gracia divina.

> «Creer consiste en aceptar las afirmaciones del alma; la incredulidad, en negarlas».
>
> Ralph Waldo Emerson

Pedir orientación por escrito

La práctica de expresar la gratitud de una manera consciente constituye una poderosa herramienta espiritual que también nos hace conectar con el poder de la voz que nos guía. Completa las siguientes frases:

1. Una persona a la que me siento agradecido es…
2. En mi profesión siento gratitud por…
3. Me siento agradecido de que la voz que me guía…

El poder de ralentizar el ritmo

Michael, en el apogeo de su poder creativo a sus setenta y tantos años, es un hombre sumamente nervioso. Aunque es «de alto secreto», lleva un marcapasos que le regula el ritmo del corazón. El dispositivo es una ayuda, una «bendición de Dios», y, sin embargo, es la práctica de la meditación lo que más le beneficia.

—Medito dos veces al día durante veinte minutos —explica Michael—. Antes de adoptar este hábito yo encajaba en el perfil típico de personalidad de tipo A, siempre a toda máquina. Era aprensivo por naturaleza, siempre estaba calentándome la cabeza con alguna elucubración agorera, algún escenario fatalista inminente. Cuando descubrí la meditación, de pronto me imbuí de calma.

A Michael le hace gracia su propia historia. Es obvio que la sensación de calma le alivia.

—Cuando no meditaba, siempre iba acelerado, precipitándome de un proyecto a otro, con la lengua fuera. La meditación me enseñó a aflojar el ritmo: empecé a tomar conciencia de que había tiempo. Descubrí que era posible ir paso a paso, que el proyecto adecuado estaría ahí cuando yo llegara.

Casado en cinco ocasiones, Michael pasaba con precipitación de una esposa a otra, de una relación a otra. Por medio de la meditación se dio cuenta de que salía de un problema para meterse en otro.

—Dejé las prisas —prosigue—. Al tomarme las cosas con más calma, valoré a mi mujer, que había aguantado mucho de mí.

Talentoso empresario, cambiaba de ayudantes cada dos por tres. Costaba mucho —demasiado— seguirle el ritmo: contrataba y despedía en menos que canta un gallo.

—Era imposible —admite sin rodeos—. Yo nunca fui consciente de mi implicación en las cosas. Jamás veía que yo forzaba la situación.

El autoconocimiento fue, para Michael, fruto de la meditación. Comenzó a tomar conciencia de su responsabilidad en su caótica vida. Empezó a oír la voz del alma: lo que él define como «la pequeña voz serena».

—Dejé de ser tan hijo de puta —dice a continuación— y poco a poco aprendí a proceder con una actitud más amable y afable.

Para su sorpresa, por lo visto esta actitud «más amable y afable» surtió efecto.

Después de décadas de éxitos en su sector, a partir de entonces se convirtió en algo más que una mera estrella. Adquirió el hábito de orientar a principiantes con talento. El que siempre había sido un personaje se convirtió en un hombre con personalidad. A medida que atemperaba su manera de ser, su infalible olfato para los negocios se agudizó más, si cabe. Su intuición le enviaba señales sobre las oportunidades.

«A fin de confiar en tus vibraciones, primero has de ser capaz de percibirlas, y, para ello, debes aquietar la mente».

SONIA CHOQUETTE

—Creo que soy más listo —sostiene—, o quizá más sabio.

Comoquiera que sea, el cambio de actitud de Michael se debe a la voz que le guía.

—Cuando aflojé el ritmo, mi suerte se aceleró —añade—. La meditación surte efecto. Ahora cuento con ella.

Son las siete y media. La oscuridad comienza a teñir los pliegues de los flancos montañosos. Las ramas del pino piñonero se mecen suavemente con una brisa vespertina. La larga y ardua jornada de hoy toca a su fin. Me desperté muy temprano y me resultó imposible volver a conciliar el sueño. Cuando me levanté, cansada, me bebí dos tazas grandes de café con la esperanza de espabilarme. Aunque el café era fuerte, mi cansancio lo era más. A mediodía me metí en la cama, con la esperanza de echar una siesta reparadora. No tuve esa suerte. Me rebullí sin cesar, agobiada por el calor del mediodía. Después de una hora de desasosiego me levanté y probé suerte con más café. Era como si la cafeína brillara por su ausencia; el café no surtía efecto. Encaré el resto de la tarde cansada y de mal humor.

A destiempo, se me ocurrió buscar orientación. Se me dijo:

«No te exijas tanto. Hoy es uno de esos días en los que el sobreesfuerzo resulta contraproducente. Concédete un descanso y deja de presionarte. Tu mal humor se disipará si eres amable contigo misma. Bebe agua, siéntate frente a un ventilador y permítete sentirte hidratada y fresca. El ambiente caluroso ha agravado tu malestar, de modo que ahora descansa, relájate y baja el listón».

El mensaje me tranquilizó. Caí en la cuenta de que me había exigido demasiado a mí misma al esforzarme en ser productiva a toda costa a pesar de mi decaimiento. Con esas amables palabras, dejé de agobiarme. Cuando mi amigo Scott Thomas me llamó por teléfono y escuchó mi retahíla de lamentos, fue compasivo conmigo. «Julia, hay días en los que fluyo con armonía, y otros en los que, como es tu caso hoy, no doy pie con bola. Hoy, al fin y al cabo, es viernes, el final de una larga y estresante semana. Tú estabas a la espera de recibir noticias acerca de tu libro. La espera es dura. La noticia fue buena, pero también anticlimática. Da por terminada la semana, y santas pascuas».

Agradecí el consejo de Scott. Un talentoso psicólogo que se formó para erradicar la ansiedad. Sus palabras de aliento fueron un bálsamo para mí. Me dio por pensar en lo afortunados que son sus pacientes por ser objeto de tamaña compasión. He aquí su consejo: «Ralentiza el ritmo».

El tiempo ha cambiado. Mientras estaba al teléfono con Scott, se ha desatado una tormenta vespertina que ha sembrado los cristales de las ventanas de gotas de agua. La pequeña Lily, inquieta por el chaparrón, se ha puesto a caminar de un lado a otro de la sala en busca de refugio. Los truenos la ponen nerviosa y la tormenta de esta noche ha traído consigo truenos y relámpagos. El viento sacudía las ramas del pino piñonero. Las ramas exteriores se movían en vaivén; la estabilidad de las interiores daba cobijo a los pajarillos. Lily interrumpió sus idas y venidas para mirar fijamente por la ventana. Unos audaces cuervos planeaban en círculos pese a la tormenta. ¡Uy! El viento agitaba las ramas del pino. Las gotas de lluvia brillaban en la luz menguante.

«Nunca verás el arcoíris si siempre miras hacia abajo».

Charles Chaplin

«¿Qué debería hacer esta noche?», pregunté a la voz que me guía, aliviada de que mi malhumor comenzara a disiparse.

«Permítete escribir», respondió la voz que me guía, y, por tanto, me puse a escribir, a registrar la meteorología. La tormenta fue corta. Lily, acurrucada a mis pies, estaba relajándose. Unos cuantos rayos marcaron el fin de la tormenta. El chaparrón había refrescado el abrasador ambiente. En el jardín, mis altaneros lirios habían bebido las gotas; también mis rosas, y las losas del porche brillaban en la oscuridad.

—¡Viva! —exclamo con un suspiro, ahora contenta con el frescor vespertino.

Mi estado de ánimo ha pasado de agrio a dulce. Me permito recrearme sin más delante de la página mientras observo fijamente por la ventana cómo el cielo se oscurece. Lily se rebulle y se dirige con sigilo hacia su trampilla. Intuyo su debate interno: «¿Salgo?». La tormenta ha dejado a su paso un refrescante rocío. Después del caluroso día, es bienvenido. Tras aventurarse a salir, Lily regresa unos minutos más tarde; se le ha humedecido el pelo, de un blanco níveo. Me dirijo a la cocina a comprobar sus provisiones: tiene un bol de crujiente comida para perros junto a otro bol de agua. Satisfecha de que Lily esté bien atendida, cierro el pestillo de su trampilla para ponerla a buen recaudo. Las dos estamos a salvo y a gusto, de buen ánimo.

PEDIR ORIENTACIÓN POR ESCRITO

A menudo, cuando aminoramos el ritmo, notamos que abrimos las puertas a la intuición e inspiración. Resulta paradójico que, al exigirnos menos a nosotros mismos, las respuestas parecen surgir de la nada, y, con frecuencia, a una velocidad pasmosa.

Pregunta a la voz que te guía qué podrías hacer para bajar el listón. ¿Puedes respirar hondo o echar una siesta? ¿Puedes posponer una fecha límite? ¿Puedes concederte un día entero «sin expectativas», donde no te exijas nada?

¿Qué oyes? ¿Puedes intentarlo?

La inspiración de los amigos

Victoria tiene cuarenta y tantos años. A los veintiuno emprendió su camino espiritual, el cual le ha enseñado que la meditación es un componente primordial de la espiritualidad. Meditar a diario le marca el rumbo. Ella se atiene a las directrices que se le transmiten, unas veces por medio de palabras, y otras, de forma más sutil, a través de corazonadas o presentimientos.

—Yo creo en la voz que me guía —manifiesta—. Cuando medito, me abro a dimensiones espirituales. Se me marca el rumbo de la jornada y se me conduce paso a paso.

Victoria es madre de una vivaz niña de ocho años. Es una cría precoz y a menudo díscola. La práctica de la meditación guía a Victoria para lidiar de la mejor manera posible con el carácter de su hija y le aporta paciencia y sabiduría. Ella desea ser una buena madre y la voz que la guía la alecciona en el mejor modo de superar las dificultades.

Algunas veces Victoria es estricta; otras veces, ateniéndose a las señales que le transmite su voz interior, muestra más indulgencia.

—Yo dependo de la voz que me guía —explica—. Sus mensajes me enseñan a ser una buena madre. La segunda mitad de la jornada suele resultarme difícil. Si madrugo, estoy cansada. La voz que me guía me ayuda a mantener el ritmo.

A menudo extenuada por las travesuras de su hija, encara las noches con ansia de sosiego. Pero el sosiego no suele ser lo que su hija tiene en mente. Al aproximarse la hora de dormir, da la impresión de que se insufla de energías renovadas. Entonces Victoria pugna por obtener consejo.

—«¿Y ahora qué?», pregunto a menudo —manifiesta Victoria.

En ese momento la voz que la guía entra en escena una vez más. Le viene a la cabeza un pensamiento fruto de la intuición: «Prueba con un cuento». Y, obediente, convence a su hija para que se calme y escuche el cuento. Mientras lee en voz alta nota que ella misma se tranquiliza. Su cansancio se mitiga al conectar con un insospechado caudal interior de gracia divina.

«Buenas noches, cielo», musita a su hija. La voz que la guía a lo largo del día ha sido de gran provecho.

Jacob Nordby es un hombre encantador. Musculoso, con barba y vestido con un estilo informal, habla con una actitud afable y natural sobre su práctica diaria para conseguir orientación.

«Algunas cosas deben creerse para poder ser vistas».

Madeleine L'Engle

—Me despierto en paz —comienza diciendo—. Reposo unos instantes en ese espacio de transición entre el sueño y la vigilia. Presto atención a lo que subyace en mi subconsciente, a lo mejor el recuerdo de los detalles de un sueño. Después me espabilo, abro la puerta y dejo entrar a mis gatos. Me tomo unos instantes

«La intuición es la sensación de saber cómo actuar de manera espontánea sin necesidad de saber el porqué».

Sylvia Clare

para darles de comer y prepararme un café, y a continuación elijo un par de cartas del oráculo para que me marquen la tónica del día. Luego me pongo con mis páginas matutinas y, acto seguido, medito. La orientación me llega a través de la escritura y la meditación. Si realizo estas dos prácticas, encuentro que se me marca el rumbo a lo largo de la jornada.

Jacob hace una pausa para poner en orden sus pensamientos.

—Puedo plasmar todo esto por escrito —dice de manera espontánea.

Escritor de talento, se pone a escribir sin la menor vacilación.

—Eso sería maravilloso. —Acepto su ofrecimiento, pues me despierta interés qué más detalles podrían revelar sus textos.

—No siempre me he despertado en ese estado de paz —confiesa—. Eso solo sucede desde hace unos cuantos años. Antaño, antes de lo que podría llamarse mi «despertar espiritual», me despertaba sobresaltado todas las mañanas.

Trato de imaginarme a Jacob en su vida previa a la espiritualidad. Según él mismo se describe, era un hombre con ímpetu que trabajaba a destajo para alcanzar el éxito: una casa, un coche, un puesto… Conociéndolo ahora, me resulta difícil imaginármelo en aquel entonces. Hoy por hoy está firmemente asentado en la senda espiritual. Busca orientación y la obtiene.

—Ahora estoy atento a las sincronías —explica—. La otra mañana saqué la carta del colibrí. Más tarde, mientras buscaba un piso nuevo, avisté un colibrí y pensé: «Aquí está».

Guiado por la intuición y las señales, guiado por los mensajes que le marcan el rumbo, en la actualidad

Jacob es un hombre sereno y sensible. Vive la vida de acuerdo con los mensajes que recibe, mientras que antes la ambición ciega dirigía su vida.

—Yo creo en la oración —manifiesta en voz baja.

Él reza para pedir orientación y se le proporciona. Reza por sus propios objetivos y por los de otros. Yo le pido que rece por mí antes de impartir mis enseñanzas. Cuando la clase va bien, lo llamo por teléfono para darle las gracias. «Sí —suele decirme—. Te llevaba en el pensamiento y sabía que todo se desarrollaría sin contratiempos. Me alegro de que así fuera».

Jacob reza cuando se le pide y, a veces, porque la voz que le guía lo impulsa a ello. A lo mejor me pregunta: «¿Qué te pasa? Como he sentido cierta inquietud esta mañana, te he incluido en mis oraciones».

La voz interior de Jacob es asombrosa: cuando lo impulsa a rezar, sus oraciones siempre son necesarias. Su intuición es certera y, en lo que a mí respecta, siempre bienvenida.

«Reza por mi inspiración para escribir», le pido a veces, cuando abordo un tema que supone un especial reto.

«Con mucho gusto», responde, y, cuando escribo, siento el empujón de sus plegarias.

A veces, Jacob y yo damos clases juntos; ambos rezamos para pedir orientación acerca de cómo deberían desarrollarse. Como resultado de ello transcurren de manera fluida. Nos turnamos para tomar la palabra y seguir el hilo del otro, como un audaz tándem.

Jacob resume sus reflexiones sobre la orientación que recibe:

—De modo que sí, confío en la voz que me guía.

Aunque no lo diga, él cree que «la orientación es el quid de la cuestión».

Lo mismo puede decirse de James Dybas. Hombre apuesto y bien entrado en los setenta, parece mucho más joven. Bailarín de profesión en su juventud, se mantiene en buena forma física y se enorgullece de su rutina de ejercicios, que es extenuante. Desde hace cuarenta años recorre un camino espiritual centrado en la oración y la meditación. Al preguntarle si reza para recibir orientación, responde:

—Sí, por supuesto. Rezo y medito. La orientación la obtengo principalmente a través de la meditación. Aquieto la mente y el instinto me empuja a hacer algo. Lo importante es abrirse a la voz que nos guía, despejar la mente y acallar el ruido mental.

> «La valentía es la más importante de todas las virtudes, pues sin valentía no es posible practicar ninguna otra virtud de manera constante».
>
> Maya Angelou

James hace una pausa para ordenar sus pensamientos. Y después, prosigue con su discurso articulado y elocuente.

—La escucha es el factor crucial. Todos tenemos vidas muy ajetreadas: las redes sociales, las noticias, la televisión, el ordenador… Todo eso consume tiempo y, por lo tanto, debemos sacar tiempo de manera consciente para escuchar. Yo practico el qigong, una antigua disciplina china. Es muy lenta; te mueves para absorber la energía del aire, del entorno. Te centras en el ahora. Los mensajes te llegan en el silencio del instante presente.

Tras otra pausa, James profundiza en su práctica matutina:

—Leo algún texto espiritual, medito durante veinte minutos y ruego: «Guíame. Permíteme tomar las decisiones correctas de acuerdo con la información de la que dispongo». Encuentro que, por regla general, mi instinto no falla. Y pido: «Permíteme tener claridad mental y ayúdame a dilucidar el paso correcto que he de dar a continuación».

> «Tu voluntad de luchar contra tus demonios hará que tus ángeles canten».
>
> AUGUST WILSON

James inhala hondo y acto seguido continúa:

—Me doy cuenta de que tomo muchas decisiones correctas si dispongo del tiempo necesario para aclararme las ideas y despejar la mente; para acallar el runrún de mi cabeza. También se me da bien reflexionar, el hecho de preguntar «¿Qué obstáculos tengo por delante?». Se me da bien cribar lo necesario hasta tomar la decisión acertada. Noto que se me guía hasta el punto de dedicar un rato a aquietar la mente. Entonces también se te guía, pues tienes fe en que lo que estás oyendo te conduce por el buen camino.

Tras una tercera pausa, James concluye con una última apreciación:

—A medida que envejecemos, cuantas más herramientas tenemos, más afianzamos la fe en la voz que nos guía, que es la consciencia de Dios. —Y apostilla—: Espero haberte sido de ayuda.

Emma Lively es practicante de las páginas matutinas desde hace más de veinte años. Rubia platino, esbelta y de ojos azules, se pone a escribir directamente en pijama. Se toma en serio la premisa de que las páginas son prioritarias, antes que cualquier otra cosa de su rutina matinal, con la salvedad del café. Tras pedirle que me ponga al corriente de sus impresiones acerca de la orientación, ella, que es una oradora locuaz, expone sus ideas a borbotones. Pedir orientación reviste importancia para ella y lo pone en práctica de diversas formas.

Por un lado, a través de las páginas matutinas, tres páginas escritas a mano sobre absolutamente cualquier cosa.

—Yo formulo preguntas en las páginas matutinas y aguardo la respuesta. Tal vez debería plantear más preguntas de lo habitual. Después tomo nota de las respuestas. Dado que son consultas concretas, obtengo respuestas concretas.

Tras una pausa para poner en orden sus pensamientos, continúa:

—En mi caso, también recibo orientación mientras camino. Algunos días doy un paseo en mitad de la jornada. Salgo con una pregunta o un tema en particular en mente, y obtengo la respuesta durante mi caminata. Unas veces formulo la pregunta a una persona en concreto; otras la lanzo y punto, sin dirigirla a nadie en particular. En cualquier caso, se me orienta.

Se queda pensativa unos instantes y prosigue:

—Siempre he tenido intuición y siempre me he valido de ella. Ha sido aguda y certera en todo momento. Ya antes de ponerle nombre recurría a ella. Luego conseguí herramientas y empecé a poner por escrito rondas de preguntas y respuestas. Cuando estoy serena, suelo recibir orientación. La propia voz que me guía es serena, escueta y directa, no prolija.

Emma hace una última reflexión importante:

—La voz que me guía es optimista. Me transmite la profunda sensación de que todo está bien, de que algo va a salir bien.

Y, por lo tanto, desde hace más de dos décadas, Emma sintoniza con la voz que la guía, gracias a la cual tiene la convicción de que vivimos en un mundo benévolo.

«Nunca podremos alcanzar la paz en el mundo exterior hasta que no estemos en paz con nosotros mismos».

DALÁI LAMA XIV

Alta, con el pelo sedoso y tranquila, Laura Leddy confía en la voz que la guía. Cuando le pido que me hable acerca de la orientación que recibe, dice:

—Supongo que no pongo mis cartas boca arriba. Es la primera vez que voy a hablar acerca de este tema.

De repente exclama:

—Claro que recibo orientación. Y tanto que sí. Me llega cuando me encuentro tranquila o cuando estoy ocupada con algo repetitivo: preparando una comida que he cocinado muchas veces, picando verdura..., en definitiva, algo rutinario que aquieta el ruido incesante en mi cabeza.

Laura continúa de buen grado:

—Yo medito. Tengo algunas meditaciones guiadas que realizo desde hace años. Cuando las pongo en práctica, me siento serena y receptiva. Cuando se me transmite un mensaje, lo oigo con claridad.

Prosigue exponiendo sus nuevas prácticas:

—Me pongo a mirar una foto de mis abuelos o a recordar una interacción afectuosa con ellos. Después formulo una petición concreta a mis abuelos o a mis tías, a alguien que ha fallecido. Si tengo una pregunta como «Decidme qué hacer con respecto al coche», les brindo un saludo espiritual y seguidamente les pido consejo.

Tras reflexionar sobre cómo recibe orientación, explica:

—La información me llega a través de palabras o a lo mejor a través de una visión repentina, por ejemplo, de una cartera, y pienso: «Uy, he de tener cuidado con los gastos». O pongamos por caso que se trata de una imagen de materiales de arte, como pinturas, pinceles, lienzos... Entonces pienso: «Uy, me conviene plantearme retomar la pintura». Cuando escribo las páginas matutinas, me proporcionan directrices sin falta. Y no puedo decir que jamás me hayan causado malestar. Normalmente son reconfortantes y se corresponden con mi sistema de valores; a lo mejor no en la misma línea de lo que yo pensaba, pero siempre me resultan beneficiosas.

Laura se ríe por lo bajo y confiesa:

—Alguna que otra vez recurro a una lectura de cartas del tarot online. Hay veces en las que me reporta una buena sensación, puede que la lectura completa no, pero sí dos o tres elementos. Después aguzo el oído y pienso: «Se supone que debo proceder así». Es algo trivial, pero en ocasiones me resuena.

Tras unos instantes para poner en orden sus pensamientos, continúa:

—Yo dependo de la voz que me guía, especialmente si algo me genera sentimientos encontrados. Entonces digo: «Estoy buscando claridad mental». La pido y la obtengo.

Laura expone otra reflexión:

—Para mí, el pedir orientación también es consustancial a la oración. Cuando rezo, consigo orientación. No siempre conozco su origen, pero me llega. La orientación divina.

Pensativa, continúa:

—Mi entorno me afecta. A ciertas horas del día, la luz de mi piso es muy bonita; las sombras son preciosas. Tomo asiento en mi sillón reclinable y permanezco en silencio. La luz es muy relajante una hora antes de la puesta de sol, y recibo orientación.

Laura resume sus apreciaciones en voz baja:

—Yo rezo a mi ángel de la guarda para que me proporcione orientación, para que me mantenga en el rumbo correcto, para que me advierta de las cosas. A veces rezo a la Virgen María. Cuando estoy triste, curiosamente, ruego a Jesús. Mis hábitos son rutinas que he ido creando a lo largo de toda una vida. Tengo un libro de citas inspiradoras; lo abro al azar para encontrar un mensaje para mí. Sí, he de decir que todo esto surte efecto.

Pedir orientación por escrito

> «El placer siempre procede de algo externo, mientras que la alegría surge de dentro».
>
> Eckhart Tolle

¿Quiénes, de entre tus amigos, realizan una práctica espiritual que admiras? ¿Puedes quedar con ellos para tomar un café y sondearlos? Completa las siguientes frases:

1. Una persona que parece ser guiada en su vida es...
2. Alguien con quien podría conversar acerca de la voz que nos guía es...
3. Si fuera valiente, preguntaría...

A continuación pide orientación. ¿Qué iniciativa podrías tomar para conectar con alguien con el fin de tratar el tema de la orientación?

Orientación para el trabajo

Hace un día caluroso, pero una refrescante ráfaga de viento azota los árboles. Nick ha terminado y decidimos desafiar al calor y pasear a Lily. Tal vez el viento refresque el ambiente.

Ella arde en deseos de salir. La saco la mayoría de los días y se deleita con las salidas.

—Vamos, Lily —digo con voz cantarina, y sale disparada hacia el perchero, donde está colgada su correa. Se la engancho al collar y nos ponemos en marcha, con Nick a la cabeza. En el porche hace calor. Cruzamos el solado de ladrillo deprisa, subimos la escalera hasta la verja, y después los escalones que conducen a la pista de tierra.

—Por aquí, Lily —le digo con voz almibarada, y ponemos rumbo al norte colina arriba.

Lily tira de la correa; vamos demasiado despacio. El viento le ondea el pelo y alborota el nuestro. Es agradable.

—He disfrutado del programa —le comento a Nick.

Acabamos de escuchar un pódcast de una hora con la entrevista que me hizo Brian Koppelman. Sus preguntas fueron perspicaces y de muy diversa índole. Es practicante de las páginas matutinas desde hace veinte años, y su entusiasmo por esta herramienta me emociona. Atribuye a las páginas el mérito de su variopinta y exitosa carrera.

—Yo también he disfrutado del programa —dice Nick, haciéndose eco de mis palabras.

Koppelman y yo recapitulamos sobre las herramientas esenciales de *El camino del artista.* Nick señala que el programa estaba bien articulado, que fue, en su opinión, «beneficioso para mucha gente». Mi temor era que nos hubiéramos puesto un pelín esotéricos al tratar una herramienta llamada plantilla de reescritura.

—Oh, yo pienso que a mucha gente le resultará beneficiosa —me asegura Nick.

Una lagartija se cruza en nuestro camino; Lily corre como una flecha hasta el tope de su correa. Las lagartijas son para ella un manjar. Esta se escapa. Lily reanuda la ardua caminata, aunque ahora en alerta: donde había una lagartija puede que haya más.

—Koppelman fue generoso conmigo al elogiar tanto mi libro.

—Sí —conviene Nick—. Me gustó mucho que dijera que compraría diez.

—Me hace ilusión ser un pilar en el sueño de alguien —reconozco.

Ahora un escarabajo que avanza lentamente se cruza en nuestro camino. Lily no le hace ni caso; los escarabajos no son de su agrado. Un colibrí pasa volando como un rayo sobre nuestras cabezas. El paseo está resultando ser interesante. La pista serpentea por un bosquecillo de enebros. De repente, el aire se llena de gorjeos; los diminutos pájaros cantores están posados sobre las ramas.

—Qué lindos son —comento a Nick.

> «Cada nuevo día trae consigo una nueva fuerza y nuevos pensamientos».
>
> ELEANOR ROOSEVELT

—Sí —suspira.

Pero ¿qué es esto? Delante de nosotros, en la pista, un trío de cuervos se pavonea. Conforme nos aproximamos a ellos, remolonean y, en el último momento, alzan el vuelo.

—Qué descarados.

—Sí —conviene Nick—. No nos temen.

—Sentí que se me guiaba durante el programa —comento cuando damos media vuelta por el camino circular en dirección a casa.

—Sí. Respondiste a las preguntas sin vacilación. Estuviste rápida y relajada.

—Me temo que fue él quien me lo puso fácil.

El viento está arreciando. Agacho la cabeza para contrarrestarlo; Nick hace lo mismo. Lily, tan campante, corre como una flecha hasta el tope de su correa.

—Me alegro de que hayamos escuchado el programa entero —señalo al cruzar la verja.

—Sí, ha sido una hora bien empleada —coincide Nick.

Una vez más, apretamos el paso al cruzar el recalentado solado de ladrillo del porche.

—Me alegro de que la hayamos sacado a pasear —declaro.

> «Contempla las estrellas como si estuvieras siguiendo su curso. Piensa constantemente en los cambios que se producen entre los elementos, pues dichos pensamientos limpian el polvo de la vida terrenal».
>
> MARCO AURELIO

—Yo también. El viento ha contribuido a ello, y estoy seguro de que ella lo agradece.

—Sí —corroboro, al tiempo que abro la puerta.

Lily entra a toda prisa, feliz de estar en casa después de su paseo. Contenta de enfilar hacia su bol de agua.

Con el crepúsculo, las montañas se ciernen oscuras y amenazantes. Las cumbres se perfilan imponentes contra el cielo. La luna asciende, argéntea y luminosa, y atenúa el brillo de las estrellas. Es la hora de las brujas: ni de día ni de noche. El pino piñonero, que brinda cobijo a pajarillos en busca de refugio para pasar la noche, proyecta sombras. Enciendo luces y me acomodo para escribir.

«¿Puedo recibir orientación esta noche?», pregunto sobre el papel. «Esta es una noche para la escritura. Te proporcionaremos ideas y palabras», responde la voz que me guía. Lo pongo en duda. Esta noche no se me ocurren ni ideas ni palabras; me siento vacía, carente de inspiración. Vuelvo a escribir: «¿Puedo recibir orientación esta noche?». Esta vez oigo: «Es una noche para la escritura. Habla sobre lo que te preocupa». Ah, he aquí un consejo.

Ahora tengo palabras e ideas. Llevo dos semanas a la espera de noticias de mi editor británico, Andrew Franklin. Le envié mi libro de oraciones, *Seeking Wisdom*, y he estado aguardando su respuesta. Impaciente, he apelado en repetidas ocasiones a la voz que me guía. «¿Qué opinará Andrew del libro?», he inquirido. El mensaje ha sido positivo, esperanzador y reconfortante. «Andrew está contento con el libro. Pronto te hará una oferta».

Pero «pronto» no es lo bastante rápido para mí. Cada día que pasa mi confianza en la voz que me guía se tambalea. «A Andrew le gusta el libro», repite hasta la saciedad, pero yo abrigo pensamientos derrotistas. Temo que no le haya despertado interés el libro: de ahí su demora en ponerse en contacto conmigo.

«En realidad, dos semanas no es mucho tiempo», replica con énfasis la voz que me guía, pero no me consuela. Le profeso un profundo respeto a Andrew y valoro su opinión. ¿Le habrá gustado el libro? Eso espero. Mi esperanza se afianza con hechos.

A Joel Fotinos, mi editor estadounidense, le «encantó» el libro y desembolsó una suma considerable por él. A Susan Raihofer, mi agente literaria, que es dura de pelar, también le «encantó» y, por si fuera poco, *todos* mis lectores más allegados opinaron lo mismo. A una servidora, que lo leyó con ojo crítico, le «encantó». Seguramente, digo para mis adentros, Andrew será de la misma opinión. Estoy haciendo de tripas corazón para levantar el ánimo. Con cada largo día que pasa me voy sumiendo en la paranoia. Si la obra hubiera sido de su agrado, ¿por qué no se ha puesto en contacto conmigo? Y, a pesar de todo, sé que le consternaría enterarse de mi sinvivir, pues es un gran defensor de mí y de mis obras.

Cuando busco orientación una vez más, se me reprende por mi falta de fe: «Julia, tus preocupaciones respecto a Andrew son infundadas».

Y, por lo tanto, amonestada y alentada, experimento una agradable sensación de equilibrio. Cuando el crepúsculo da paso a la noche cerrada, me siento, de repente, esperanzada. Tal vez este libro sea bueno, merecedor de los elogios que se le han prodigado. Tal vez Andrew me dé una respuesta «pronto», y esta sea que está «contento con el libro». Con esa nota positiva destierro mis pensamientos derrotistas y confío, una vez más, a destiempo, en la voz que me guía.

Pedir orientación por escrito

Bolígrafo en mano, completa las siguientes frases:

1. Una preocupación latente que tengo respecto a mi trabajo es…

2. Sentí que se me guiaba mientras estuve trabajando en...
3. Me gustaría recibir orientación sobre...

Pide que se te oriente acerca de cualquier aspecto de tu trabajo. ¿Te sorprende lo que oyes?

Orientación para tomar decisiones

Al otro lado de las ventanas, el fuerte viento azota los árboles. El pino piñonero proporciona refugio a pequeños pájaros, a salvo en las ramas más guarecidas. Sobre las ramas exteriores se posan varios cuervos, cuyas alas bate el viento. En el interior de la casa, la brisa de varios —cuatro— ventiladores eléctricos grandes refresca el calor persistente del día. Mañana, temprano, está previsto que venga una cuadrilla de técnicos. Tras la larga demora, instalarán el bendito aire acondicionado.

—Puedes permitírtelo —me comunicó mi contable en tono formal—. Tu casa se revalorizará.

—¿Estás seguro? ¡Es muy caro!

—Con los ingresos de tus cursos se cubre ese gasto.

—Si tú lo dices…

—Estoy seguro.

Y así se zanjó el asunto.

Mis amigos de la costa este se mostraron entusiasmados con mi plan.

«Estarás muchísimo más a gusto», prometió mi amiga Jeannette.

«Te va a chiflar», comentó Emma Lively.

«¿No pueden venir más tarde?», pregunté al encargado. «No, me temo que no», repuso en tono tajante, de modo que tuve que afrontar una corta noche de sueño y el hecho de que varios hombres pulularan por mi casa durante varios días.

«Céntrate en el resultado final —me aconsejó Jeannette—. Serán dos o tres días de trastorno y un futuro de confort. —Como de costumbre, ella se centró en lo positivo. Añadió—: Has estado acalorada y sudorosa. Y has dormido mal. El ambiente fresco solucionará todo eso».

Aún sumida en la negatividad, llamé por teléfono a Emma Lively. Quizá ella empatizara conmigo. Pues no fue así.

—Acabará antes de que te des cuenta —comentó Emma en tono optimista—. Puedes encerrarte en otra habitación y pasar todo el día escribiendo.

Al escucharla, me imaginé a mí misma yendo de aquí para allá, de habitación en habitación, cuaderno en mano. «¿Y si no encontrara nada sobre lo que escribir?», me pregunté.

—Te llamaré —prometió Emma.

De modo que al menos me sentiría acompañada, si bien a larga distancia.

Decidí telefonear a mi vecina Scottie Pierce, más a mano.

—Ay, Scottie, mañana me instalan el aire acondicionado —gimoteé.

—Te va a encantar —repuso—. Un par de días de trastorno con los trabajadores por medio y después... *¡Voilà!* Fresquito.

—Tengo que madrugar —rezongué.

—¿Sabes qué? —atajó—. Quemaré incienso para que todo discurra sin contratiempos.

«Cuando te centras en las bondades de tu vida, creas más».

Oprah Winfrey

—¡Oh, Scottie, eso sería estupendo! —exclamé, pensando: «¡Oraciones, justo lo que necesitaba!».

Animada y optimista, Scottie colgó. A destiempo, se me ocurrió pedir orientación.

«¿Puedo recibir orientación sobre el aire acondicionado?», pregunté.

«Julia, los técnicos serán agradables, silenciosos y cuidadosos —se me dijo—. Pasarás el día escribiendo y comprobarás que resultará gratamente productivo».

Acorralada por mis amigos y por la voz que me guía, procuré hacer acopio de optimismo. Al fin y al cabo, dije para mis adentros, en la casa había hecho un calor insoportable. Los cuatro ventiladores grandes emitían un ruido infernal, hasta tal punto que mi amiga Jennifer rehusó conversar conmigo por teléfono. «¡Llámame cuando no haya ruido!», exclamó. Uno de los ganchos comerciales del sistema de aire acondicionado era la promesa: «Es silencioso». Y, por lo tanto, me centré, como Jeannette me había aconsejado, en lo positivo. En la casa se respiraría frescor y sosiego, y yo misma me sentiría fresca y sosegada. Eso era lo positivo.

Qué ironía que, el día previsto para la instalación, sopla una refrescante brisa. A lo mejor mi reacción ha sido desproporcionada, me pillo a mí misma pensando, olvidando los sofocantes últimos días. A su llegada, los técnicos, Cody y Justin, simpáticos y campechanos, se ponen manos a la obra con rapidez y eficiencia, con cuidado de cubrir mis pertenencias con una lona impermeable en la zona en la que trabajan.

—Este encargo es fácil —me comenta Cody—. Todo marcha sobre ruedas.

Pasado el mediodía finalizan la preinstalación en cuatro habitaciones. A las tres y media, cuando llega Nick, los técnicos ya han terminado la jornada.

«Todo lo que nos frena y nos obliga a tener paciencia, todo lo que nos hace regresar a los ciclos lentos de la naturaleza, es una ayuda».

May Sarton

—Son rápidos —señala con admiración.

—Sí —convengo—. Ya lo creo.

Nick me da clases de informática todos los días y estoy aprendiendo rápidamente. Hoy, para ahorrar tiempo, él mismo se pone al mando del ordenador y consulta mis correos electrónicos. Una vez leídos y contestados, le propongo:

—Saquemos a Lily a pasear. Hace fresco.

Así pues, nos ponemos en marcha con Lily por delante, cruzamos la verja, subimos los escalones hasta la consabida pista de tierra y ponemos rumbo, otra vez, hacia el norte.

Hace una tarde fresca y agradable y la brisa suave que sopla contribuye a ello. El bosquecillo de enebros está lleno de pájaros cantores. Sus melodías se solapan entre sí. «¡Qué lindos son!», exclama Nick.

La pista que conduce hacia el norte atraviesa el bosquecillo de pájaros cantores y se comunica con un camino para bicicletas. Lo recorremos con Lily a la cabeza, pasando junto a arbustos con flores, ahora de una tonalidad argéntea, dorada en invierno.

—¿Cómo va el libro sobre la orientación? —pregunta Nick. Como buen escritor, siente curiosidad por mis progresos.

—Llevo setenta páginas y no tengo ni idea de sobre qué escribir esta noche.

—Se te ocurrirá algo —promete.

Capto el mensaje.

—¿Te he sondeado acerca de pedir orientación por escrito? —le pregunto.

Él da unas cuantas zancadas, al tiempo que tira de la correa de Lily para frenarla, antes de responder.

—Yo pido orientación por escrito, pero no es un hábito propiamente dicho. Suelo ponerme a escribir

«¿Y si cultivar la paz es aminorar el ritmo y darse cuenta de que hay más que ver?».

Morgan Harper Nichols

cuando me estoy calentando la cabeza con algún asunto, cuando tengo la sensación de que no consigo la suficiente orientación a través del éter.

—Entonces ¿recurres a la voz que te guía en busca de concreción?

—Sí, pero los mensajes que obtengo por escrito pueden ser muy crípticos. Entonces pienso: «¿Qué significa eso?». Pero, más tarde, los vuelvo a leer y pienso: «Ah, ahora lo entiendo».

Nick sortea una grieta en el camino. Lleva unas botas de cowboy nuevas y pueden ser traicioneras.

—En mi caso, escribo tres páginas y después pido orientación —le digo.

Él resopla por la nariz con complicidad.

—Yo también lo hago —conviene—. La escritura propicia que sea receptivo a la voz que me guía.

—Entonces ¿tu práctica de escribir para que se te marque el rumbo es bastante informal? —pregunto.

—Sí. Cuando pido orientación sobre el papel, en vez de hacerlo en calidad de escritor, procuro ceder el control de la pluma, limitarme a ver lo que desea salir a relucir.

—Pero ¿dirías que buscas directrices a través de la escritura cuando necesitas aclararte las ideas?

—Podríamos decirlo así. ¿Da la impresión de que lo hago como último recurso? —Nick salva con agilidad otra grieta en el camino.

Sus flamantes botas de cowboy añaden unos centímetros a su altura. Se vuelve para mirarme de frente.

—Tú pides consejo por escrito de manera habitual, ¿verdad? —pregunta.

En comparación con Nick, confieso:

—Sí, supongo que sí.

—A lo mejor debería probar más a menudo —se aventura a decir.

—A mí me ayuda. Llevo treinta años escribiendo para recibir orientación, de modo que seguro que es de provecho.

—Bien por eso, bien porque eres testaruda.

—Soy testaruda, pero no cabe duda de que ayuda —digo entre risas.

Lily tira hasta el tope de la correa. A nosotros nos resulta interesante esta conversación, pero a ella no.

—¿A casa, pequeña? —le pregunto.

Como entiende la palabra «casa» y sabe que un bol de agua la está esperando, emprende el trote.

«Confía en tu corazón aunque los mares ardan, y vive por amor aunque las estrellas retrocedan».

E. E. Cummings

Las nubes de tormenta que descienden desde las montañas se aproximan. Es la época del monzón en Santa Fe y hay previsión de chubascos cada tarde. Abrigo la esperanza de librarnos de ellos, aunque sea un día; en mitad de la instalación del aire acondicionado, han taladrado agujeros en el tejado.

«Da gusto trabajar para una persona tan serena», me dijo Cody, al frente de la cuadrilla. Yo pensé: «¿Serena yo? Si soy un manojo de nervios», pero supongo que no doy muestras de ello.

El cumplido de Cody me sorprendió. Conforme avanzaba el día, con los técnicos a golpe de martillo y sierra, sentí que mi nerviosismo se acrecentaba. Llamé a Jeannette en busca de apoyo moral y caminé sobre la cinta para soltar la agitación. Jacob Nordby me telefoneó para preguntarme cómo estaba; le constaba que el ruido y el desorden me alterarían. Mi perrita Lily reaccionó al estrés como es propio de su especie, rondando junto a mis pies el día entero. Emma Lively me advirtió

«Algunos caminos hermosos no se pueden descubrir sin perderse».

Erol Ozan

que comiera a pesar de mi ansiedad. «Encima del estrés, no te conviene tener bajos niveles de azúcar», me aconsejó en tono serio, de modo que fui sorteando los residuos esparcidos de la instalación hasta la cocina, donde me zampé un sándwich de manteca de cacahuete y gelatina.

Jennifer Bassey, que también me llamó por teléfono, dijo para animarme: «Mañana estarás fresquita. Todo sea por mejorar tu calidad de vida». ¡Ay, qué optimista!

Me hice eco del sentimiento de Jennifer cuando llamé a mi hija:

—Estoy mejorando mi calidad de vida.

Sin embargo, Domenica no se dejó engañar.

—Oh, mami, pareces nerviosa —señaló, con buen tino a pesar de los kilómetros que nos separan.

—La verdad es que lo estoy —confesé—. El ruido y el desorden… —Dejé la frase a medias. No quería que Domenica se preocupara—. Mañana, más o menos a esta hora, estaré fresca y tranquila —le aseguré.

—¿Cómo está la perrita? —preguntó, no dejándose disuadir en su obligación de preocuparse como hija.

—Muy tensa también —confesé—. Lleva todo el día sin despegarse de mí.

—Míralo de este modo: estás mejorando tu calidad de vida —dijo en tono burlón.

Poco después de hablar con Domenica recibí una llamada de Gerard.

—Dejando a un lado el desorden y el estrépito, ¿cómo estás sobrellevando la instalación?

—Me pongo nerviosa —confesé—. Crispada.

—¿No tienes un patio donde poder refugiarte? —preguntó.

—También están ahí fuera —rezongué.

—Bueno, a partir de mañana, todo estará fresco,

limpio y en silencio —me aseguró—. Y hasta que regrese la cuadrilla mañana por la mañana disfruta de una velada tranquila.

El optimismo de Gerard me resultó irritante. Yo seguía con los nervios de punta y lo que necesitaba era empatía, la cual no me proporcionó Gerard en absoluto. Colgué disgustada; maldito optimismo.

Al anochecer, la quietud del crepúsculo aplacó mi crispación: el crepúsculo y la llamada de Jeannette, que recibí gratamente. Ella se mostró rebosante de empatía.

—Teniendo en cuenta el alcance del trastorno que estás padeciendo, lo llevas bien —me aseguró—. El ruido, el desorden... Tu mundo se ha puesto patas arriba. Has hecho lo posible por sobrellevarlo: acudir a tus amigos, caminar sobre la cinta... Ten presente el resultado final. El caos pronto será agua pasada.

Con las comprensivas palabras de Jeannette, noté que mi ánimo cambiaba. Dije para mis adentros: «Mañana por la noche habrá acabado». Lily me acarició la pierna con la nariz; me dio la impresión de que ella lo intuía. A destiempo, pedí orientación para ambas y oí: «Lo estás haciendo bien. Deja a un lado tu ansiedad por esta noche. Tienes por delante muchas bondades».

Al igual que en tantas ocasiones, la voz que me guía me tranquilizó. Las bondades que me deparaban eran algo esperanzador. Me dirigí a la cocina y puse una cacerola en el fogón. Como de costumbre, el simple hecho de cenar me decía que ya no estaba alterada. Una vez más acudí a la voz que me guía. Esta vez oí: «Julia, has recuperado el rumbo. No hay necesidad de angustiarse. Todo está bien». Tras escuchar el tranquilizador mensaje, sentí que mi poso de nerviosismo se disipaba. Al fin y al cabo tenía por delante «muchas bondades».

«No es difícil tomar decisiones cuando sabes cuáles son tus valores».

ROY O. DISNEY

Hace un día caluroso de neblina. Mis cuatro ruidosos ventiladores funcionan, pero da la impresión de que no enfrían. La cuadrilla del aire acondicionado se encuentra en plena faena; van avanzando. Hay un técnico en cada habitación.

—¡Estamos por todas partes! —exclama el afable Justin—. ¡Debe de ser una lata!

Sí que lo es. Los trabajadores están a golpe de martillo y sierra. Hay enormes agujeros en las paredes en los que embutirán los aparatos. Lily está casi desquiciada por el ruido. Vaga de habitación en habitación en busca de tranquilidad, pero no la hay.

—No pasa nada, chiquitina —le digo con voz melosa.

Ella me mira con recelo, obviamente pensando: «¿Cómo que no pasa nada?». La convenzo para que se tumbe a mi lado en el sofá de dos plazas. Confío en que mi presencia le infunda seguridad. De primeras se muestra remisa, hasta que por fin se encarama al asiento. Me acaricia la pierna con el hocico para que la reconforte.

—No pasa nada, chiquitina —repito con voz melosa.

Es un día complicado. Mi rincón en el sofá es una isla de calma en un mar de caos. Acaricio el sedoso pelo de mi perrita con la intención de que sepa hasta qué punto aprecio su compañía. Al esforzarme en tranquilizarla, noto que yo misma me tranquilizo. Mi nerviosismo de ayer es agua pasada. Hoy soy capaz de centrarme en los progresos que cada técnico realiza. Pronto hará fresco en casa, digo para mis adentros, y mientras tanto los hombres trabajan con diligencia y buena disposición. La situación podría ser mucho peor.

Cody, el encargado, tiene la deferencia de pedir disculpas. Lamenta la cantidad de tiempo que están tardando y me da su palabra de que el último día se producirá un giro radical.

—Acabaremos en un visto y no visto —promete—. En principio, la jornada será corta.

La disculpa de Cody por el retraso de un día más de lo previsto contribuye considerablemente a calmar mi ansiedad. Lo felicito por el agradable talante de la cuadrilla. Él sonríe e interrumpe la tarea que tiene entre manos.

—Ese cumplido es muy de agradecer. Procuramos contratar a buenos trabajadores.

Los buenos trabajadores trabajan a un ritmo constante durante largas jornadas, colocando lonas impermeables sobre mis delicadas pertenencias. Yo agradezco su esmero y la tranquilidad con la que desempeñan su labor. Los nubarrones descienden de las montañas. El chasquido de un trueno perfora el aire, el único incidente de un día tranquilo. Llueve a mares contra el ventanal; una ráfaga de viento azota el pino piñonero. Lily, inquieta, salta al suelo y se acurruca a mis pies, en busca de protección. Las tormentas la asustan y esta, con el fragor de los truenos, es peor de lo habitual.

—¿Sellaste el condensador? —pregunta Justin a Cody.

—Sí, claro, sellé todo. En teoría no debería haber filtraciones, pero esta repentina tormenta se ha desatado de buenas a primeras —dice Cody, como reprochando a la tormenta que haya estallado tan de improviso.

Con la misma celeridad que estalló, escampa. Cody reúne a la cuadrilla.

—Nos vemos el lunes —me dice con voz cantarina—. Tardaremos otra hora más o menos en el dormi-

«Sé constante y ordenado en tu vida, como un burgués, para que puedas ser feroz y original en tu trabajo».

Gustave Flaubert

torio principal y luego un par de horas en ultimar el resto.

Cody parece satisfecho. Él y sus hombres han echado una buena jornada de trabajo. Lo redondearán acortando la última jornada. Alzo la voz para dar las gracias a la cuadrilla, que ya se marcha. Me las apañaré como pueda con todo manga por hombro durante el fin de semana y, para el lunes por la tarde, en la casa se restablecerá el orden: la calma, el silencio y el frescor.

Pedir orientación por escrito

¿Hay alguna decisión pendiente, ya sea insignificante o de gran relevancia, que debes tomar en tu vida? Pide consejo por escrito sobre cómo proceder. ¿Qué dilucidas? ¿Ves las cosas con más claridad?

SEMANA

3

Cultivar la calma

Los ensayos de esta semana te ayudarán a experimentar la calma de saber que se te guía. La orientación infunde una sensación de serenidad y el convencimiento de que avanzamos por el camino correcto. Por medio de las herramientas de esta semana te alentaré a abrirte a la calma que aporta la voz que nos guía, y, desde esa calma, a profundizar más en el autocuidado tanto en el sentido de establecer conexiones como de marcar límites. Como sostienen los eruditos, «Sin prisa, pero sin pausa». Al dejar de lado la premura y el agobio en la toma de decisiones, te darás cuenta de que la calma que experimentas forjará una conexión más profunda con un universo benévolo.

Orientación para tener paciencia

Ha hecho un día encapotado. Durante el paseo con Lily, vimos tres lagartijas. A punto estuvo de atrapar una, más rolliza y lenta que las otras, un manjar delicioso. Tirando de su correa, salió disparada en su persecución. ¡Qué mala suerte! La lagartija se camufló rauda bajo una roca. Truncadas sus esperanzas, Lily reanudó el paso a regañadientes. Se mantuvo ojo avizor, en busca de más lagartijas, y dos más se cruzaron como flechas en nuestro camino. Lily se lanzó a por ellas, pero eran rápidas, más rápidas que una terrier hambrienta.

—Por aquí, chiquitina.

Tiré de la correa. Obediente, pero contrariada, ella se puso a mi lado. Las lagartijas, al fin y al cabo, son una exquisitez. El suave solado de nuestro patio es un oasis para ellas; allí disfrutan de los rayos del sol, con descaro y a la vista. Lily, que conoce sus hábitos, emprende la persecución nada más cruzar la verja del jardín. Un día atrapará una. Todo cuanto necesita es paciencia, pero la paciencia no es el punto fuerte de los terrier. Ni el mío. Tampoco es el mío. A menudo me reprendo a mí misma: «Ten paciencia, Julia», pero es una virtud difícil de cultivar.

En invierno aguardo impaciente la primavera. En primaveras frías anhelo el verano. Mientras espero noticias de Andrew me impaciento. ¿No puede darse prisa? Cuando debato con Dios —cosa que hago—, la mayoría de las veces es por cuestiones de plazos. Hace seis meses que espero buenas noticias sobre mis obras de teatro y, pese a que la voz que me guía me promete que las recibiré *pronto*, ese «pronto» no es lo bastante pronto. Las estaciones transcurren a un ritmo pausado, y las temporadas de teatro, en consonancia con ellas. Justo mientras estoy escribiendo esto, el teléfono suena con estridencia. Es una directora de escena que me llama para comunicarme que —por fin— ha tenido noticias del director de un teatro. ¿La noticia? Que la lectura de nuestra obra —presentada para una producción por Zoom— aún está pendiente. Que la leerán «pronto», nos prometen. ¡Otra vez esa palabra! Y entretanto, ¿qué? Paciencia.

Mientras escribo estamos en el cuarto mes de confinamiento por el coronavirus. Es julio —finales de julio—, y llevamos confinados desde mediados de marzo. Es obligatorio el uso de la mascarilla; es obligatorio el distanciamiento social. Solo se nos permite salir de casa para actividades «esenciales». ¿Cuándo terminará? ¿Se volverá pronto —o en algún momento— a la «normalidad»? Para sobrevivir en estos tiempos se requiere una virtud: sí, la paciencia.

«No somos conscientes de que, en algún lugar de nuestro interior, existe un yo supremo que está eternamente en paz».

Elizabeth Gilbert

Paciencia es lo que necesitó el santo Job. Paciencia es lo que todos y cada uno de nosotros precisamos en estos momentos. Requiere paciencia abstenerse de preguntar «¿Cuándo, Señor?», es decir, «Por favor, Señor, que sea *ya*». Se nos está inculcando paciencia, a todos, a nivel global. Al ponernos las mascarillas, lavarnos con ahínco las manos ya limpias y realizar nuestras salidas «esenciales» al exterior, cultivamos la paciencia. Mientras hacemos cola para entrar a una tienda de comestibles o a una farmacia, se nos está inculcando, sí, paciencia.

Yo soy, por naturaleza, impaciente. Los fines de semana se me antojan eternos. Ardo en deseos de que llegue el lunes, de que el mundo regrese al trabajo. Seguramente, el lunes recibiré noticias de Andrew. Me he pasado el fin de semana escribiéndole correos electrónicos imaginarios, inquiriendo: «¿Y bien? ¿Qué opinas?». Sin embargo, el protocolo establece que sea él quien se ponga en contacto con mi agente literaria, que después me comunicará —ojalá— la buena noticia del visto bueno y la oferta de Andrew. Según la voz que me guía, presentará una oferta «modesta», pero gratamente recibida. Estoy preparada para aceptar una oferta modesta —cualquier oferta— con tal de que se pronuncie.

El domingo por la tarde, oficialmente un día de descanso, envié un correo electrónico a mi agente, que estaba pasando tiempo de calidad con su familia. Escribí: «¿Se te ocurre algo que podamos hacer para "sacudir el árbol"?». Como era de esperar, no recibí respuesta. Una vez más, se me exigía paciencia. Y, en cualquier caso, sabía de buena tinta lo que ella diría: «La espera es difícil. ¡Paciencia!».

> «Te ruego que tengas paciencia con todo aquello que esté sin resolver en tu corazón y ames las preguntas en sí mismas».
>
> Rainer Maria Rilke

Aleccionada, me puse a escribir, con la esperanza de que la voz que me guía me brindase sabiduría. Pregunté: «¿Cómo puedo armarme de paciencia?», y oí: «Llama a Emma. A ella se le da bien tener paciencia. Trabajó seis años en un musical. Tú puedes esperar seis días más a que Andrew responda».

De primeras, el mensaje me puso furiosa, pero después me hizo ver las cosas en su justa medida. Amonestada, me di cuenta de que era capaz de esperar, si no con paciencia, con impaciencia. Pero esperar, esperaría porque, por mucho que me costara, podía hacerlo.

El cielo nocturno presentaba una tonalidad argéntea a la par que dorada. El sol poniente teñía de dorado las cumbres. Cuando me disponía a escribir, sonó el teléfono. La llamada era de mi amiga Jennifer Bassey, que quiso darme una charla sobre la paciencia.

—Entonces ¿no has tenido noticias de Andrew? —preguntó.

—No —respondí, en tono abatido.

—Le va a gustar el libro —prometió—. De lo contrario, me tiraré por el balcón. En realidad no lo haré, pero ya me entiendes.

—Y los técnicos del aire acondicionado me han dejado plantada hoy —me lamenté.

—¡Qué me dices!

—Como lo oyes.

—Bueno, seguro que les ha surgido alguna urgencia. Son gajes del oficio.

—Dicen que vendrán mañana a las ocho y media.

—Entonces lo único que necesitas es paciencia: paciencia con Andrew, paciencia con la cuadrilla. Me consta lo que eso supone para ti..., igual que para mí. Queremos lo que queremos cuando lo queremos, y eso significa *ya*. Procura aceptar que se rigen por los tiempos que marca Dios, no por los tuyos. Respira hondo. Relájate. Todo sucederá cuando tenga que suceder.

—Ay, Jennifer, procuro tener paciencia.

¿Parecería tan impaciente como me sentía? Odio que me den lecciones, por bienintencionadas que sean, pero Jennifer no se quedó satisfecha.

—Llama a dos amigos para ver cómo están —me aconsejó en tono grave.

—Me consta que eso surte efecto —respondí, al tiempo que pensaba: «Por favor, basta de lecciones sobre la paciencia. ¡No tengo paciencia!».

Es posible que Jennifer percibiera mi renuencia tácita, porque puso fin a la llamada con brusquedad. Muy a mi pesar, decidí seguir su consejo, y llamé a mi amiga y colega Julianna.

—Hola, cielo —dijo en un alegre tono cantarín—. ¿Qué noticias tienes de Londres?

—Silencio de radio. Todavía nada.

—Caray, he estado rezando sin cesar.

Julianna parecía tan impaciente como yo. Exclamó:

—¡Me *encantó* el libro!

Mentalmente la incluí en mi lista de personas a las que les había «encantado». Si yo valoraba la opinión de Andrew y me moría de ganas de conocerla, el veredicto de Julianna era inestimable. Sentí que mi vaso estaba medio lleno, no medio vacío. Para mí, su opinión tenía tanto peso como la de Andrew. Experimenté un alivio pasajero de mi ansiedad. Si ella opinaba que el libro era bueno, a lo mejor era bueno. Agradecida, concluimos la conversación telefónica. Tras unos instantes, siguiendo el consejo de Jennifer, telefoneé a Jacob Nordby.

—¿Cómo estás? —Me acordé de preguntárselo antes de lanzarme de lleno a contar mis penas.

—Acabo de dar un paseo por la ribera del río y ha sido muy agradable —respondió Jacob—. Ahora estoy en casa, preparándome para acostarme. ¿Sabes algo de Andrew, tu editor?

—Silencio de radio —le informé—. Han pasado casi dos semanas. Cada día me sumo más en la paranoia.

—¿Qué dice la voz que te guía? —preguntó. Él cree

«Quiérete a ti mismo y todo está resuelto para ti».

Amit Ray

en la precisión de la voz que me guía con la misma convicción que en la suya.

—Me transmite que mi inquietud por la respuesta de Andrew es infundada —respondí.

Era capaz de dar cuenta y razón del optimismo de la voz que me guía aun cuando fuera incapaz de darle crédito.

—Le gustará el libro —auguró Jacob en tono jovial—. Es una buena obra. A mí me encantó.

Seguidamente, tras las alentadoras palabras de Julianna y Jacob, noté que mi ansiedad remitía. ¿Acaso se equivocaban todos mis lectores? Lo dudo. Todo cuanto Andrew debía hacer era respaldar el consenso. Pero ¿lo haría? Sin duda, él era un hombre con su propio criterio.

La noche cubrió el cielo vespertino. La luna argéntea se elevó sobre las montañas. Animada por mis amigos, me preparé para irme a la cama. Había sobrellevado otro día más de espera. A lo mejor al día siguiente tendría noticias de Andrew. Hasta entonces necesitaba mantener la fe.

Me desperté temprano, con el fin de prepararme para recibir a la cuadrilla del aire acondicionado. La instalación se había hecho eterna después de cinco días y estaba impaciente por que acabaran de una vez por todas. Llegaron a la hora prevista, de buena mañana, para cumplir con su jornada; yo, para no estorbar, me senté en el sofá de dos plazas. Como acusaba la falta de sueño, me tomé tres tazas de café con colmo, en un intento por espabilarme. Tardé un buen rato en redactar las páginas matutinas. El cansancio hizo mella en mi pluma. Cuando iba por la tercera página, la última, sonó el teléfono. Era Emma Lively, rebosante de noticias.

—Andrew ha dado señales de vida —soltó a bocajarro—. Quiere publicar el libro. Susan Raihofer me reenvió el correo electrónico que él le había escrito por si yo hablaba contigo antes que ella. ¿Te lo leo?

—¡Sí, por favor! Me muero de ganas de oírlo.

Emma tomó un trago de agua y carraspeó. Acto seguido leyó:

—«He estado leyendo el libro y me ha cautivado. No es un libro para mí. Yo soy judío y ateo, y en mi opinión esas categorías no pertenecen a tu público objetivo. Pese a esa circunstancia, me pareció interesante, conmovedor y relevante a título personal, lo cual me sorprendió. Pensé que, al leerlo, descubriría a qué público iba dirigido y entendería el propósito del mismo. Pero va mucho más allá de eso: me he sentido identificado con él. Ahí reside el poder de tus obras. De modo que, definitivamente, presentaremos una oferta».

—¡Oh, Emma, es maravilloso! —exclamé—. ¡Léemelo de nuevo!

Así pues, Emma me leyó el escrito de Andrew por segunda vez. La amplitud de miras de este me dejó maravillada: «Yo soy judío y ateo». Que él, un no creyente, pudiera abrazar mi libro para creyentes me pareció casi un milagro. ¿Qué quería decir con que el libro era «relevante a título personal»? Tal vez me lo explicara en nuestra próxima conversación. Al fin y al cabo fue él quien publicó *El camino del artista*, cuyo subtítulo era «Un curso de descubrimiento y rescate de tu propia creatividad». ¿Creería Andrew en la existencia de un poder superior, de una energía creativa, que él no identificaba con «Dios»? Él es, cosa que yo sabía, un gran amante de la jardinería. Para mí, la naturaleza es una manifestación de Dios, mientras que para él tal vez sea energía creativa, al margen de deidades.

«No puedo evitar abrigar esperanza, mantener la fe y amar la belleza».

T. H. White

«Pues [el río] ahora sabía dónde se dirigía, y se dijo a sí mismo: "No hay prisa. Llegaremos allí algún día"».

A. A. Milne

Tras colgar el teléfono a una Emma eufórica, telefoneé a una Susan Raihofer también eufórica. Como mi agente literaria que es, ella, lo mismo que yo, se había mantenido a la espera de noticias por parte de Andrew. Ahora, al igual que yo, estaba exultante. Resumió la respuesta:

—Va a hacer una oferta. ¡Lo ha puesto por escrito!

Pero ahora me tocaba a mí poner algo por escrito. En un correo electrónico le dije a Andrew: «Dudo que sepas hasta qué punto valoro tu opinión. Eres una inspiración y un aliado». Tras enviar mi mensaje al otro lado del Atlántico, me sentí pletórica. Quería que supiera lo mucho que lo valoro.

El día pasó volando. Telefoneé a mi amiga Julianna para comunicarle la buena noticia; se alegró mucho por mí. Después hablé con Nick, con Jacob, con Scottie, con Laura, con Jeannette y con Jennifer. Todos sin excepción se emocionaron. Yo también estaba emocionada, hasta el punto de que apenas me importó que Cody, el encargado de la cuadrilla, me informara de que estaban teniendo problemas con el sistema de refrigeración. Sería necesario que interviniera un técnico especializado, pero habría que esperar al día siguiente.

—Sí —dijo Cody—. Pondrá en marcha el sistema para identificar el problema y encontrará la solución.

Todo cuanto yo necesitaba era esa temida palabra: «paciencia».

Escuché atentamente y le tomé la palabra.

—Encontrará la solución.

Mientras tanto me puse a enumerar mis bendiciones. Un retraso en la instalación del aire acondicionado era solo eso: un retraso. Más importante era, con diferencia, la demora que ya había concluido: a Andrew le había encantado el libro.

Pedir orientación por escrito

Elige un aspecto de tu vida en el que te cuesta tener paciencia. Copia las siguientes preguntas, y presta atención a la voz que te guía:

1. ¿Qué necesito saber?
2. ¿Qué tengo que hacer?
3. ¿Qué debo lamentar?
4. ¿Qué he de aceptar?
5. ¿Qué debo celebrar?

Abrazar lo positivo

Mi casa está fresca. La instalación del aire acondicionado ha sido un éxito. Cuando el técnico llegó a primera hora de la mañana, tardó a lo sumo cinco minutos en localizar el fallo: un error de fácil arreglo en el cableado. Deseoso de poner rumbo a su siguiente misión, me dio un tutorial muy breve sobre cómo poner en marcha el sistema de refrigeración. Yo presté mucha atención, procurando no agobiarme. Me da pavor todo lo relacionado con la tecnología, y el manejo del aire acondicionado se me antojaba complicado. Estaría fresquita, cierto, pero ¿y si pasaba frío? ¿Cómo ajustaría la temperatura exacta? Mi maña con los aparatos es mínima. Mi perrita, en la gloria, se repantigó en la refrescante sala de estar. A mí también me dio por repantigarme.

Nubes argénteas descienden desde las montañas. Con el crepúsculo, la noche cae sobre nosotras. Al oeste, el sol poniente tiñe de vetas multicolor el cielo. Al este, la luna se eleva. Mi sala de estar está fresca y en penumbra.

Enciendo las luces. La pequeña Lily se acerca a mí. «Arriba, chiquitina», la insto, y, tras unos instantes de vacilación, se encarama de un salto en el sofá de dos plazas y se apoltrona a mi lado. Formamos un tándem inseparable.

Nick vino a trabajar conmigo esta tarde. Al cruzar el umbral, después del calor sofocante de fuera, exclamó:

—Oh, qué refrescante es esto.

El sistema de aire acondicionado recién instalado estaba cumpliendo su función.

—¿Te gusta? —preguntó.

—Sí, me estoy acostumbrando —respondí.

Ahora, con Lily junto a mí, me deleito con el frescor. Ya no llevo el pelo empapado de sudor; ya no se me pega la ropa al cuerpo. Acostumbrada a la incomodidad, me causa asombro el confort del ambiente fresco. Me he incorporado a la era moderna. Tengo la mano, que se desliza por la página, fresca; es más, hasta la hoja está fresca. Con cada instante que pasa me encuentro más a gusto. Cuando de pronto el teléfono suena con estridencia, dudo si responder a la llamada. Hasta ese punto estoy disfrutando de la calma.

Sin embargo, descuelgo; la llamada es de Jennifer. Ella, que a su vez está disfrutando del aire acondicionado en el caluroso y húmedo sur de Florida, se muere de ganas de saber, como Nick, si el nuevo aire acondicionado es de mi agrado.

—¿Han terminado ya? —pregunta—. Se ha hecho eterno. ¿Te gusta? Seguro que sí. Estabas padeciendo mucho debido al calor.

—Creo que sí —respondo—. Pero cuesta un poco acostumbrarse.

—Sí, pero ¿a que te gusta? —inquiere.

—A Lily sí —señalo. Pienso en mi perrita, repan-

«Quien tiene paciencia, conseguirá lo que desea».

Benjamin Franklin

tigada en el sofá de dos plazas, tendida sobre las frescas losas.

—No me extraña —comenta Jennifer.

—Al fin y al cabo lleva un abrigo de piel —bromeo.

Satisfecha de que me haya sumado a las comodidades modernas, Jennifer cuelga. Acto seguido, el teléfono suena con estridencia de nuevo. Esta vez la llamada es de mi amiga Scottie. La pongo al corriente del drama vivido en mi casa: la instalación del aire acondicionado.

«¿Por qué es tan importante la paciencia? Porque nos hace prestar atención».

Paulo Coelho

Al día siguiente, hoy, la jornada ha sido ajetreada e intensa. Caminé sobre la cinta, hice ejercicio con mi entrenadora, saqué a pasear a la pequeña Lily, despaché correspondencia atrasada, y participé en un pódcast de cuarenta y cinco minutos en el que leí cuatro de mis poemas. Ya ha anochecido, es una noche de luna llena, pero los nubarrones que se ciernen sobre las montañas ocultan la luna. Estoy acurrucada en mi sofá de dos plazas; Lily está hecha un ovillo a mi lado. Una vez más, una lluvia gruesa cae contra las ventanas, aunque en esta ocasión sin truenos ni relámpagos. Las gotas «repiquetean» con fuerza, pero de ahí no pasa.

Ha sido un día de nervios y adrenalina. Mi energía física superó mi energía espiritual.

«Estoy nerviosa —le dije tanto a Scottie como a Jennifer— ¡Reza por mí!». Ambas amigas respondieron que lo harían gustosamente y, por tanto, encaré el pódcast sintiéndome respaldada. La presentadora era una joven poetisa que me brindó —a mí y a mi poesía— una cálida bienvenida. Seleccioné cuatro poemas de mi álbum *This Earth*. A ella le cautivaron. «Por favor, lea más», me pidió tras escuchar el primer poema. Leí tres más. «Son un regalo», declaró.

Poco podía ella imaginar que su «regalo» era un regalo para mí. Disfruté sacando a la poetisa que llevo dentro, luciendo a la artista que hay detrás de *El camino del artista.* Leer mis versos a una reconocida poetisa requirió arrestos… o valor. Al fin y al cabo, ella se gana la vida con la poesía, mientras que yo hago poesía de mi vida. Y, sin embargo, gracias a su generosidad, fue un encuentro de colegas de oficio, de dos poetisas que escriben. Me comentó que su audiencia, tanto de dentro como de fuera del país, acababa de realizar el curso de *El camino del artista.* Yo compartí, de mi juego de herramientas, aquellas que consideré especialmente relevantes para escritores. El tiempo pasó volando y nos despedimos como nuevas amigas.

Telefoneo a Scottie para decirle:

—Gracias, Scottie. Ha ido bien.

—Pero ¿has disfrutado? —pregunta.

—Sí, la verdad es que sí. Leí algunas de mis poesías.

—Ajá. Entonces debes de haber disfrutado de lo lindo.

—Ya lo creo. Me sentí tratada como una artista.

—Bueno, es que eres una artista.

—Gracias. Lo he pasado bien en la «salida».

—Bueno, mi querida amiga, me alegro de que haya ido bien. ¡Yo he tenido la varilla de incienso prendida! —dice Scottie, riéndose por lo bajo, feliz de que sus plegarias fueran atendidas.

Ponemos fin a la conversación.

Acto seguido telefoneo a Jennifer, que responde a mi llamada con una pregunta:

—Hola, cielo. ¿Cómo te ha ido?

—Bien —respondo—. Muy bien.

—Ese es el poder de la oración —señala—. Cuando tengo una audición, ruego a Dios que actúe a través de mí. Luego, al ver la cinta, percibo algo especial en mi actuación. «Es Dios», pienso. «A mí nunca se me habría ocurrido eso». Mi interpretación es la de Dios.

—Leí cuatro poemas —la informo.

—Dios te proporcionó la inspiración para ello —afirma Jennifer con convicción—. Es la primera vez que lo haces, ¿verdad?

—Sí.

—Entonces ha sido cosa de Dios. Antes de una audición, o de un trabajo, digo: «Señor, hazlo tú. Yo podría pifiarla».

—Yo no la he pifiado.

—Entonces es preciso que digas: «Gracias, Señor».

Le digo a Jennifer que estoy colmada de gratitud.

—Pues díselo a Dios —replica.

Así pues, al término de la conversación, digo: «Gracias, Señor, por infundirme valor». Cuando oigo «No hay de qué», me pregunto si serán imaginaciones mías.

> «No hay ventaja en apresurarse en la vida».
>
> Masashi Kishimoto

Juanita Nava viene a mi casa todos los lunes a mediodía. Durante tres horas restriega, pasa la aspiradora y limpia el polvo. Es un torbellino de energía. Cuando se marcha, deja la casa limpia como una patena, reluciente. Su talante es indefectiblemente alegre y afable. Su presencia en la casa es sinónimo de orden y alegría. Es una trabajadora incansable y jovial. Por las noches imparte clases de baile. ¿Por qué estará siempre tan contenta?, me pregunto. Esta tarde se lo pregunté.

—Yo rezo a todas horas —me respondió—. Rezo por la mañana, por la noche antes de acostarme y a lo largo de todo el día. Cuando voy en el coche de casa en casa, rezo. Pero no oraciones formales; se trata más bien de un diálogo. Es una charla distendida, una conversación que mantengo con Dios.

Juanita es menuda, de complexión recia propia de una bailarina. Es delgada y fibrosa, vigorosa y enérgica. Su día a día de oración es la clave de su energía y vitalidad. Ella misma me lo dijo.

—Yo me crie rezando —explicó a continuación—. E inculqué a mis hijos la fe en la oración.

Yo pensé en mi fuero interno que los hijos de Juanita son, como su madre, ejemplos modélicos de buen carácter. Ambos, adolescentes, son dos cascabeles y muy educados, además de aplicados y encantadores: en eso también han salido a su madre.

—Me alegro de que me haya hecho esa pregunta —comentó a continuación—. Usted reza, ¿verdad?

—Sí —respondí.

Juanita reza para pedir orientación acerca de cuál es el siguiente paso correcto. Limpió la casa, pasando deprisa y con soltura de una tarea a otra, de oración en oración.

—A veces —señaló— me despierto en mitad de la noche y me pongo a rezar hasta que vuelvo a quedarme dormida. Al despertarme por la mañana, rezo de nuevo.

Para cuando Juanita llega a mi casa bien entrado el mediodía, ya ha pronunciado oraciones para un día entero. La voz que la guía le marca las directrices en sus quehaceres. Cada semana encuentra alguna nueva tarea que realizar. Esta semana ha limpiado las telarañas del exterior de una ventana. ¿Cómo se las arregló? No lo sé. Lo que sí sé es que Lily fue pisándole los talones, atraída, sin duda, por el buen carácter de Juanita y el hecho de que es una amante confesa de los perros y tiene tres.

—Hacen falta bolsas de basura, detergente para la lavadora, lavavajillas y filtros para la cafetera —me comunicó Juanita al término de su jornada—. Se los traeré la semana que viene.

Agradecida por su ayuda, me puse a rezar, a pronunciar una oración de gratitud: «Gracias, Señor, por traerme a Juanita». Antes de marcharse, se despidió cariñosamente.

—Hasta el lunes que viene, Julia.

—Hasta entonces, Juanita. ¡Gracias!

Pedir orientación por escrito

> «Permite que las cosas fluyan de manera natural, comoquiera que transcurran».
>
> Vernon Howard

Completa las siguientes frases:

1. Un aspecto de mi vida en el que acepto lo bueno es…
2. Podría aceptar más cosas buenas en mi vida si…
3. La voz que me guía fue certera cuando…

La calma de la voz que nos guía

El cielo presenta tonalidades albaricoque y argénteas. A pesar del contraste de colores, estos se complementan entre sí. El sol poniente aporta el reflejo albaricoque; el anochecer inminente imprime el argénteo. Una vez más, mi sala de estar está fresca y en penumbra. Una vez más, enciendo las luces y me dispongo a escribir. He tenido un día inspirador: de corazonadas, presentimientos, plegarias atendidas. En el paseo con Lily me asombro nuevamente ante la belleza que me rodea: enebros cuajados de pájaros cantores, el panorama de imponentes cumbres montañosas, cumulonimbos que se ciernen altos y majestuosos, todo ello bendecido por un viento refrescante.

He paseado con Nick. Hemos acompasado el ritmo a grandes zancadas, con Lily trotando por delante hasta el tope de su correa.

—Pareces contenta —comentó Nick.

—De momento he tenido un buen día —le dije.

—Se te ve estable —señaló—. Tranquila. A gusto.

—Gracias —respondí. Acto seguido añadí—: Caminar contigo y con Lily me sienta bien.

Lily se detuvo en seco y se aproximó con cautela a un pequeño pájaro cantor que yacía en la carretera.

—Aquí, Lily —le ordené, al tiempo que tiré de la correa.

—Pobrecito —dijo Nick con pesar.

El pajarillo era azul y dorado, tal vez un pinzón. A lo mejor se había topado contra un coche, el cual le había arrancado la vida a su frágil cuerpecillo.

—Pobrecito —repitió Nick.

—Por aquí, chiquitina —ordené a Lily.

A regañadientes, abandonó su tesoro.

La visión del pajarillo me entristeció. En su día tuve un par de agapornis, de colores similares a los del pequeño pinzón. Mi casa es una auténtica galería de láminas de Audubon. Al igual que mi padre, amante de la ornitología, siento predilección por los seres alados.

—¿Qué pasó con el pódcast sobre el que tenías tus reservas?

—Decliné el ofrecimiento —respondí—. Era una auténtica locura, una sección de cinco minutos con el tema «Cinco consejos infalibles de la experta en creatividad». Me olía a cuña jugosa. Sencillamente, la idea no me atraía.

—Siempre y cuando estés contenta, estupendo. A mi modo de ver, debes confiar en tu intuición.

—Bueno, consulté a la voz que me guía y me indicó que hacía bien en cancelarlo.

«Tú eres el cielo. Todo lo demás es solo el clima».

Pema Chödrön

—Entonces ¿confiaste en la voz que te guía?

—Sí. Tiene un palmarés bastante loable.

Lily tiró de la correa en dirección al arcén, olfateando. Iba siguiendo el rastro de algo: ¿otro perro, un mapache, una lagartija, un ciervo?

—Por aquí, chiquitina —dije en tono persuasorio,

y tiré de la correa para demostrarle que iba en serio. La reprendí—: Lily, ya.

Ella abandonó la búsqueda. Cuando nos aproximábamos a la verja, de pronto se lanzó a la carrera: ¡una lagartija! ¡Una lagartija! Lily fue rápida, pero la lagartija lo fue más y se camufló rauda bajo una roca que había junto a un cactus. Los planes de Lily se truncaron. Bajamos los escalones que conducen al jardín, donde la noche anterior vimos un conejo de cola de algodón; ahora no había ninguno a la vista.

—Va a hacer una noche preciosa —auguró Nick con aire pensativo.

La brisa fresca movía suavemente las ramas de los abedules.

—Sí —convine, al tiempo que pensaba en mi amiga Jennifer, sobre aviso por un posible huracán en el sur de Florida.

Al entrar en casa, ahora fresca, corrí como una exhalación para responder a una llamada telefónica. Era Jennifer.

—Ha pasado de largo —exclamó sin aliento—. Han rebajado su categoría a la de tormenta tropical. Solo quería que supieras que estamos a salvo. Puede que se avecinen un par de días de lluvias torrenciales, pero eso es todo.

«Al forzar un proyecto a completarse, truncas lo que estaba casi listo».

Lao Tse

Le di las gracias a Jennifer por informarme. Nick desenganchó la correa del collar de Lily y la colgó en el perchero.

—¿Hasta mañana entonces? —preguntó.

—Hasta mañana —respondí.

Lo acompañé a la puerta y empujé para abrirla.

—Que tengas una tarde tranquila y fresca —me deseó Nick.

—Gracias, Nick. Así será.

Los cumulonimbos se condensan sobre las montañas. Más cerca luce un cielo azul. Las ramas del pino piñonero se agitan con el viento. Se avecina mal tiempo. Tomo asiento en silencio, en busca de orientación. He rezado «por mí y por mis seres queridos». La oración propicia la calma. Con la calma se escucha la voz interior. «Llama a Scottie», oigo.

Mi amiga Scottie toma asiento todos los días al alba. Lee, reza, canta, y después se queda en silencio, prende más varillas de incienso y transmite sus intenciones a los cielos. Sus dos perritos, Jackson y Moxie, han aprendido a permanecer en silencio y se unen a ella en la meditación. La suya es una casa donde reina la paz. Sé que, más tarde, cuando la telefonee y le pregunte cómo está, su respuesta será: «Julia, estoy divinamente». Su constante equilibrio es fruto de sus ratos de quietud. Guiada por su brújula interior, su día a día transcurre sin contratiempos. Ella muestra una actitud resuelta en sus interacciones. Su «suerte», fruto de la orientación que recibe, la acompaña constantemente.

«Se me guía», dice Scottie sin más. Se la guía y ella, obediente, se atiene a las directrices. Su fe es sólida, y sus actos también lo son. Cuando recibe orientación, ella atiende. Al prestar atención, vislumbra un camino; entonces emprende ese camino paso a paso. Por la noche se sienta un rato en silencio de nuevo para hacer un repaso del día y pedir, si es necesario, más orientación.

La serenidad inquebrantable de Scottie pone las cosas en su justa medida. Yo me la imagino en su morada de paz, prendiendo una varilla de incienso en la quietud.

«Mi casa mira al este —me comentó en una ocasión—. Cuando me levanto está oscura, pero después, cuando me siento a meditar, amanece. Es un momento propicio». Scottie da la bienvenida al día prendiendo incienso, sentándose en calma. Sus ratos de silencio bendicen cada jornada. Cada día transcurre como ella pide, con «confort y alegría».

Buscando confort y alegría, llamo a Scottie. Su casa se halla en la falda de la misma montaña que la mía y, con el cambio de altitud, el tiempo a menudo es diferente. Justo ahora está lloviznando aquí arriba, mientras que en la zona de Scottie está cayendo lluvia mezclada con granizo. Ella hace arrumacos a sus perros como yo hago a la mía. Deseamos que se sientan a salvo, pero a estas altitudes hay truenos y relámpagos, los cuales asustan a los perros. Lily busca refugio en un escondite, el rincón que hay detrás del perchero. Los dos perros de Scottie se quedan rondando a su lado.

—Voy a acostar a los chicos —me dice Scottie.

—Lily está escondida —comento—. Yo también estoy intranquila, a pesar de que aquí arriba la tormenta no es para tanto.

—Los chicos están nerviosos. Mejor te llamo luego —me dice, y colgamos.

Transcurre media hora sin incidentes. Ha escampado. Scottie me telefonea de nuevo.

—He estado reflexionando. ¿Has pedido orientación por escrito? Estaba pensando que te confortaría. Tú tienes una capacidad de conexión muy fuerte. ¿Y si escribes a tus dos amigas fallecidas, Jane y Elberta? Pienso que te confortaría saber de ellas, mantener una agradable charla. Creo que tienes que ser consciente de que la voz que te guía vela por ti, te apoya en todo momento.

Tras una pausa para tomar aliento, Scottie continúa:

«Vivo con la fe de que existe una presencia, un poder superior a mí, que me nutre y apoya en formas que ni siquiera podría imaginar. Sé que esta presencia es omnisciente y todopoderosa, y que siempre me acompaña».

Ernest Holmes

—La voz que te guía es firme y certera. Recurre a ella para que te consuele.

El tono de Scottie es firme. Sabe lo que me conviene.

—Lo intentaré.

Una vez más colgamos. Me acomodo en el sofá de dos plazas y me pongo a escribir.

«¿Puedo hablar con Jane?», pregunto. Y oigo: «Julia, me tienes justo al lado. No tienes por qué albergar ningún temor. El poder superior te provee y ampara. Siempre tienes elección: la fe o el miedo. Puedes elegir la fe, con la certeza de que siempre estás amparada. Confía».

Jane se expresa tal y como se expresaba en vida. Su tono de voz y su mensaje me resultan familiares y reconfortantes. A continuación pregunto: «¿Puedo hablar con Elberta?». Poco después oigo: «Julia, eres una campeona. Te transmito gracia y fortaleza. Lo estás haciendo bien y vas por buen camino. Me alegro de saber de ti».

> «El apoyo y el ánimo se encuentran en los lugares más insospechados».
>
> RAQUEL CEPEDA

Scottie tenía razón: la voz que nos guía nos conforta. Mientras escribía, los nubarrones se alejaron. La luna ha ascendido sobre las montañas y se impone una noche despejada. Lily sale de su escondite con sigilo y se sienta a hacer guardia en el porche. Reina la calma.

PEDIR ORIENTACIÓN POR ESCRITO

La voz que nos guía es serena. Cuando adquirimos el hábito de escribir en busca de consejo, nos resulta más fácil tomar decisiones, y nos movemos por el mundo con más tranquilidad.

Completa las siguientes frases:

1. La voz que me guía me tranquilizó cuando...
2. Una de las decisiones que tomé siguiendo sus consejos fue...
3. Concebí la voz que me guía como una fuente de equilibrio en mi vida cuando...

A continuación elige a una persona que haya fallecido cuyos consejos te resulten tranquilizadores. ¿Puedes conectar con ella por escrito y tratar de escuchar la respuesta?

El apoyo que brinda la conexión

Ayer pasé la velada con John y Chris Kukulski, una pareja felizmente casada. Chris preparó la cena para los tres, sentados en sendos extremos de una larga mesa de madera. John sirvió té con hielo, de hojas de melocotón o normal, en tres copas grandes. El plato fuerte fue un delicioso *pad thai* de pollo, un sabroso plato aderezado generosamente con guindillas rojas.

—¿Te gustan las guindillas verdes? —me preguntó Chris, el cocinero.

—Sí.

—Pues en el huerto tenemos un buen puñado, te daremos un puñado.

—Fantástico —dije con entusiasmo.

—¿Y los tomates? ¿Te gustan? —preguntó John—. Tenemos para dar y regalar.

Verduras, verduras deliciosas delimitaban un extremo del jardín de los Kukulski; en el otro había profusión de flores esplendorosas.

—¡Fíjate como están saliendo los cosmos! —exclamó Chris—. Todas las mañanas paso una hora o dos en el jardín.

Su dedicación era patente, pues los pimpollos se amontonaban los unos sobre los otros, buscando, como es propio de su naturaleza, sol o sombra.

—Cocina para un regimiento —comentó John en tono cariñoso—. Y yo no soy un regimiento.

Chris, cuya altura supera con creces el metro ochenta, inclinó la cabeza sonriendo a su esposo. Le saca más de treinta centímetros a John.

—¿Repetimos? —preguntó Chris al tiempo que se servía una generosa ración.

John y yo titubeamos. Con un plato bastaba.

—Tenemos un postrecito ligero: sorbete de mango o frambuesa —anunció John.

—Yo lo tomaré de frambuesa —dije.

—Para mí también de frambuesa —terció Chris, y pinchó un último trozo de pollo.

—Para mí de mango —dijo John mientras servía el sorbete en pequeños cuencos con forma de flor.

Se oyó un «miau» quejumbroso procedente del dormitorio principal. Era el maullido de Simon, su gatito, suplicando que le permitieran socializar.

—Es muy sociable —explicó Chris—. Y tú eres nuestra primera invitada desde el confinamiento. Estará preguntándose, extrañado: «¿Quién es esa señora?».

John, Chris y yo compartimos una senda espiritual. Yo la emprendí hace décadas. Aunque para ellos es una práctica más reciente, todos coincidimos en la necesidad de recibir orientación. Cada uno de nosotros tiene predilección por una plegaria, pero hay una, la oración para la serenidad, que compartimos los tres: «Señor, concédeme serenidad para aceptar las cosas que no puedo cambiar, valor para cambiar aquellas que soy capaz de cambiar y sabiduría para reconocer la diferencia».

«Cada amigo representa un mundo en nosotros, un mundo que posiblemente no nace hasta que ellos llegan, y es solo en este encuentro donde nace un nuevo mundo».

Anaïs Nin

Chris reza realizando sus labores de jardinería, disfrutando al aire libre. John reza manteniendo impecable la casa, una construcción de adobe centenaria llena de antigüedades. Yo, como ambos saben, rezo a través de la escritura. Todos coincidimos en el valor de la oración.

—Deja que te dé unos tomates —ofreció John cuando la tranquila velada tocaba a su fin. Así pues, me tendió una bolsa de tomates mientras Chris me prometía otra vez que pronto habría guindillas.

—Gracias, a los dos.

Les di las buenas noches. En el trayecto a casa, conforme el sol se ocultaba, vi una cierva: un bello y grácil animal trotando por el borde de la carretera. Un colofón perfecto para una velada perfecta.

Ha transcurrido una semana, una semana con incidentes. El sistema de aire acondicionado, recién instalado, se averió, y pasé varias noches durmiendo con el ruido de un ventilador, no del todo fresca, pero tampoco asfixiada de calor. El calor insoportable lo sufrí a lo largo del día. Esperé días a que lo arreglaran. De entrada, como era de esperar, los técnicos me culparon de la avería. Me recriminaron que había manejado mal los mandos. Después de «configurarlos», justo cuando se disponían a marcharse, los aparatos dejaron de funcionar de nuevo. Esto supuso un reto. Se pusieron a probar el sistema y, cuando subieron a la azotea, descubrieron, con gran disgusto, cuatro filtraciones. Se afanaron todo el día —casi ocho horas— en arreglar y volver a poner en marcha el sistema de refrigeración.

Uno de los técnicos, un hombre alto y desgarbado llamado Josh, me aseguró en un aparte:

—Usted no hizo nada mal. Las filtraciones han sido

el resultado de las prisas en la instalación por parte de la cuadrilla.

Solté un gran suspiro de alivio.

—En principio, el sistema de refrigeración debería funcionar perfectamente ahora —continuó—. Y ya sabe dónde encontrarme si tiene algún problema.

Tras la partida de Josh, los aparatos siguieron funcionando. Dirigí la atención a otro problema: ¡los ratones! Encontré uno muerto en el suelo de la cocina y, acto seguido, otro. Anthony, mi mago de las chapuzas, me lo explicó.

—Se han envenenado con lo que les puse —me informó—. Por eso te los encuentras en medio del suelo. Deja las luces de la cocina encendidas, cierra la trampilla de Lily y guarda su comida en la nevera por la noche.

—Anthony, ¿te ofendería si contratase a un especialista en control de plagas? ¿Podrías localizar a uno?

—Me ocuparé de ello enseguida —respondió Anthony—. No has herido mis sentimientos.

Aliviada, pero con los nervios a flor de piel —¡ratones!—, dejé las luces de la cocina encendidas y llamé a Lily para que entrara y poder cerrar la trampilla. Como está acostumbrada a comer durante la noche, le pedí perdón por guardar su comida en la nevera. Lily es un lince, pero mis manías la dejaron perpleja. ¿Tanto jaleo por los ratones?

Anthony se puso en contacto conmigo temprano a la mañana siguiente.

—He encontrado a un especialista. Apunta su nombre y su número de teléfono. Está esperando tu llamada.

Ansiosa, anoté el nombre y el número. Cuando lo llamé, una voz firme y agradable respondió.

«El mejor espejo es un viejo amigo».

George Herbert

—Soy Julia Cameron. Tengo entendido que Anthony le ha puesto en antecedentes de mi problema.

—Sí, efectivamente. Me ha informado de todo lo que intentó. ¿Qué le parece si voy esta tarde? Recorreremos la finca.

Así pues, aunque la perspectiva de recorrer la finca en busca de ratones me asustaba, fijamos una hora. Acto seguido telefoneé a Nick para pedirle si podía encargarse él de realizar el recorrido por la finca, y accedió de buen grado. A continuación recibí una llamada de Juanita. Ella también dijo que hablaría con el especialista, Gustavo.

A las cinco y cuarto, la hora prevista, se produjo el encuentro entre Gustavo, Nick y Juanita. Tras recorrer la propiedad, entraron a la casa, donde Gustavo enseguida descubrió cuatro sitios por donde se colaban los ratones: detrás del horno, debajo del fregadero, debajo del lavabo del cuarto de baño y detrás de la lavadora. Juanita confirmó que esos eran los rincones problemáticos. Gustavo me aconsejó, lo mismo que Anthony, que dejara las luces encendidas, la trampilla cerrada y la comida de Lily en la nevera. El lunes regresaría con los pertrechos necesarios para la desratización. Me ofreció una tarifa módica. «Pero págueme una vez que haya terminado el trabajo».

Le di las gracias a Gustavo, a Juanita y a Nick, y, cuando se marcharon, llamé a Anthony para darle las gracias.

—Es eficiente y honrado. Gracias.

—Sí —convino Anthony—. Es un buen tipo.

—Tú también eres un buen tipo —le dije—. Gracias.

Pedir orientación por escrito

Hemos cultivado el arte de encontrar apoyo a través de la voz que nos guía. Ahora ha llegado el momento de conectar de forma activa con quienes nos rodean. ¿Hay algún aspecto en el que necesites apoyo humano? ¿Hay algún amigo al que puedas acudir, con el que puedas conectar?

Pregunta a la voz que te guía qué conexión o apoyo humanos te resultarían más beneficiosos en este momento. ¿Puedes planificar esa conexión?

«Un amigo puede estar esperando detrás del rostro de un desconocido».

Maya Angelou

Establecer límites

Con mi casa en orden, finalmente me fue posible centrarme en la escritura de nuevo. Tras el lapso de una semana, descubrí que se me había proporcionado claridad mental. De pronto, el contenido de una desagradable entrevista que había realizado a alguien para este libro me pareció exactamente eso: «desagradable». Lejos de intentar editarla una vez más, decidí tomar medidas más concretas y drásticas: prescindir de ella. Bolígrafo en mano, busqué las ofensivas páginas y, con resolución, las taché. Así recuperé la potestad sobre mi libro. Tanto el aire acondicionado como los ratones y el libro eran problemas resueltos.

Cuando me llamó mi amiga Scottie, la puse al corriente de mi decisión de prescindir de la entrevista.

—Bien hecho —afirmó—. Es un arrogante, presuntuoso e interesado. Tú y tu libro os merecíais algo mejor.

Validada por Scottie, aliviada de plagas de todo tipo, me acomodé al fresco de la sala de estar. Pedí orientación y se me respondió en el acto: «Has hecho lo correcto al prescindir de él en el libro. Es un arrogante y quiere más reconocimiento del que merece». Se me pasó por la cabeza enviarle por correo postal un ratón muerto.

Ya casi es la hora del parte diario con Jeannette. Al igual que Scottie, se alegra de que haya suprimido la entrevista censurable. Le leo un poema humorístico que compuse con el fin de que me infundiera «valor para reclamar mi potestad». Así termina:

Y así su cuento es desmochado.
No hay fragmento para semejante chiflado.

—¡Es magnífico! —exclama. Y su risa socarrona impregna la línea telefónica.

—Lo pasé mal hasta que escribí el poema —reconozco—. Y también tengo unos versos sobre el aire acondicionado:

Tantas promesas de calma, frescor y tranquilidad
y su trabajo fue, no hay más que probar, una calamidad.

Con dos breves rimas en mi haber, explico:

—Si consigo tomármelo con humor, recupero mi poder.

—Sí —conviene Jeannette—, está claro.

Le leo la entrada sobre mi ocurrencia de mandarle por correo un ratón muerto. Se ríe de nuevo. Noto que se refuerza mi estrecho vínculo con ella. Nuestras risas de complicidad flotan en el aire.

—Te han gustado los poemas.

—Y tanto que sí. A mi modo de ver, el poder se recupera con el humor. Tal vez ahora seas capaz de escribir con soltura.

«Siéntete a gusto contigo mismo como acto de amor propio».

H. Raven Rose

—Eso espero. Menuda semana de plagas y venenos.

—¿Qué te dice la voz que te guía?

Recito:

—«Pequeña, lo estás haciendo bien. Tu casa ha sido un infierno».

—¡Cierto! —cacarea Jeannette—. ¡Detecto un cambio!

Así pues, le pregunto:

—Tú confías en la voz que me guía, ¿verdad?

—Oh, plenamente —contesta—. ¿Qué te ha transmitido esta noche?

Paso las páginas hacia atrás hasta las directrices de esta noche y leo en voz alta:

—«Vas por buen camino y con perspicacia. Vas a escribir bien y nos enorgullecemos de ti».

«En el universo hay cosas que se conocen y cosas que se desconocen, y entre ellas hay puertas».

WILLIAM BLAKE

—¿Puedes permitir que eso te cale? —pregunta Jeannette.

—Todavía no —contesto.

Sin embargo, ya está tomando forma un nuevo pareado:

Esta tonadilla está dedicada a mis ratones:
¡os voy a hacer papilla en vuestras incursiones!

E instantes después se me ocurre otro:

A mis amigos dedico este pareado antes de dormir
para terminar este relato con un final feliz.

Pienso en que tanto a Scottie como a Jeannette les han hecho gracia mis chanzas. Pienso en que tanto Jennifer como Emma me han animado durante mi bloqueo. El humor desbloquea el bloqueo, rimo de nuevo. Y, acto seguido:

Esta casa bien merece un poema,
y, con rimas, el hogar las penas quema.

Recurro una vez más a los mensajes que se me transmiten. Leo: «No hay errores en tu camino», y después: «El cúmulo de problemas fue el detonante de tu ira».

—¿Eres capaz de aceptar tu ira? —pregunta Jeannette.

—Ahora que la he plasmado por escrito, ¡claro!

Adiós a esta entrada que aquí termina.
¡Dios sabe que he descargado mi ira!

Pedir orientación por escrito

Hace tiempo que creo en el poder de escribir poemas humorísticos para ayudar a «encauzar» mi energía. Completa las siguientes frases:

1. Una persona que me ha estado fastidiando es…
2. Ojalá pudiera…
3. La voz que me guía me aconseja…

A continuación compón unos versos «dedicados» a esa persona o situación. ¿Cambia tu estado de ánimo y recuperas tu energía?

«Podemos concebir la ira como una centinela que monta la guardia en el borde de nuestros límites, lista para defenderlos».

Jessica Moore

SEMANA

4

Cultivar el optimismo

Esta semana recurrirás a la voz que te guía para abrazar el optimismo de manera consciente en tu día a día. Indagarás en áreas donde podrás imbuirte de un sentimiento de esperanza y de perdón hacia ti mismo. A estas alturas del curso, es probable que el encontrar orientación te resulte cada vez más fácil. Abrigo la esperanza de que estés experimentando su constante presencia y que llegues a confiar y valerte de ella. Además te pediré que intentes valerte de tu intuición en el ámbito de tus proyectos creativos, tal y como han hecho los artistas a lo largo de los siglos. Hacer recuento de lo positivo —de las cosas que has hecho bien— contribuye a forjar un sólido y optimista concepto de ti mismo. No te encuentras a merced de las circunstancias; dispones de multitud de puntos de elección en los que puedes apreciar lo positivo, por ejemplo: «Hoy he comido bien», «He caminado», «He mantenido la estabilidad emocional en el transcurso de una conversación difícil. Me he valido de mi fuerza con templanza, expresando mi opinión, pero no de manera mezquina».

Orientación para el autoperdón

«La fe requiere atender al poder de un susurro».

SHANNON L. ALDER

«Lo que necesitas es dulzura —rezaban los mensajes—. Esta noche escribe acerca del autoperdón. Se te guiará».

Leí con atención los consejos. Sin duda, necesitaba dulzura. Me estaba castigando por mis fracasos. Había pasado la tarde «de invitada» en un club de lectura y el «encuentro» resultó ser tenso. Según me habían informado, el club lo formaban treinta personas, todas las cuales estaban realizando el curso del libro *El camino del artista*. Cuando me presentaron (por Zoom), comprobé que apenas había unos cuantos participantes. El «encuentro» duró una hora, con escasas preguntas por parte de los presentes. El moderador llenó los tiempos muertos formulándome preguntas que no guardaban la menor relación con mi libro. Yo respondí a las preguntas deslavazadas lo mejor que pude, con la esperanza de ser de provecho. Adopté una actitud complaciente con el reducido grupo, con la esperanza de motivarlos a intervenir. El encuentro terminó con una nota positiva y —de repente— me hundí en la miseria.

«¿Qué te ha faltado decir?», inquirió mi crítico interior, a lo cual siguió una letanía de «podrías» y «deberías». Procuré —en vano— pensar en mis posibles aciertos y, lejos de eso, me topé con una sarta de recriminaciones: mi falta de perspicacia, gracia, carisma… Que yo era… ¿Qué era? La respuesta llegó zumbando desde lo más profundo de mi ser: «No eres lo bastante buena».

Telefoneé a mi amiga Emma Lively, que había participado en el encuentro del club de lectura.

—Emma, me siento fatal.

—Julia —repuso—, lo has hecho muy bien. Has dicho muchas cosas positivas y alentadoras. Yo he apuntado algunas de ellas. Me asombró que destilasen tanta sabiduría.

> «Cuando me detuve para tomar aliento, me di cuenta de que tenía alas».
>
> Jodi Livon

Motivada por el ánimo de Emma, quise escuchar mis intervenciones. Emma me leyó la lista de citas de sus apuntes. Me quedé atónita: mis palabras eran amables, dulces, alentadoras, incluso inspiradoras. Eran, constaté, más que bastante buenas. Yo había abrigado la esperanza de resultar interesante, y mis declaraciones superaron las expectativas: fueron de provecho. Había pedido a mis amigos que rezaran por mí, y sus oraciones habían dado fruto. Era, advertí, mi ego el que se sentía descolocado. Mi ego me exigía que fuera perfecta; con «perfecta» me refiero a «brillante». Pero no era «brillante» lo que hacía falta ser, sino «de provecho».

Pedir orientación por escrito

Completa las siguientes frases:

1. Ojalá pudiera ser más amable conmigo mismo con respecto a…

2. Por lo visto no consigo perdonarme a mí mismo por…

A continuación, tras conectar con la voz que te guía, anota las siguientes preguntas y atiende a las respuestas:

1. ¿Cómo puedo ser más amable conmigo mismo?
2. ¿Cómo puedo cultivar el autoperdón?

Orientación para abrigar esperanza

> «Qué maravilloso es que nadie tenga que esperar un momento antes de empezar a mejorar el mundo».
>
> Anne Frank

Abrí los ojos ante un nuevo día radiante. El sol brillaba. Mi ánimo sombrío de la víspera se había disipado.

«¿Sobre qué escribo?», pregunté a la voz que me guía. La respuesta no se hizo esperar: «Escribe sobre la esperanza».

El tema se me antojaba espinoso. Al fin y al cabo, ayer mismo lo veía todo negro. Mi amigo Nick acudió en mi rescate.

—¿Qué opinas sobre la esperanza? —le pregunté.

Nick respiró hondo y, acto seguido, manifestó:

—La esperanza es crucial, es el pilar de la oración. Esperas, y ruegas, que una situación se resuelva. Bueno, hay días en los que me sumo en la desesperanza, como fue tu caso ayer, en los que soy incapaz de rezar, pero esos días pasan cuando recupero la esperanza.

—Entonces —dije—, la esperanza es fundamental. La esperanza y la fe.

—Sí. Fíjate lo bien que te encuentras hoy en comparación con ayer.

Nick estaba en lo cierto. Justo en ese momento,

Lily se incorporó de un salto para reclamar su atención. Ella abrigaba la esperanza de que la sacara a dar un paseo.

—Un momento, bonita —dijo Nick en un arrullo y fue a por la correa.

De nuevo, Lily se incorporó de un salto, presa de la excitación; Nick le enganchó rápidamente la correa al collar. Los tres emprendimos la caminata y giramos hacia el norte por la pista de tierra donde mi perrita, con suerte, saldría en persecución de las lagartijas. Vio dos, pero se escabulleron raudas en direcciones opuestas y frustraron su plan.

Al pasar por el bosquecillo de enebros, el canto de los pájaros llenaba el aire. Acompasé el paso al de Nick y él se apresuró para alcanzar a Lily, que iba olfateando con avidez por el arcén, con la esperanza de atisbar más lagartijas.

—Por aquí, bonita —le ordenó Nick y tiró de la correa para imponer su autoridad.

A regañadientes, Lily obedeció. A pesar de que sus esperanzas de cazar lagartijas se truncaron, se reavivaron en cuanto pusimos rumbo de vuelta a casa.

—Ella tiene esperanza —comenté en tono jocoso a Nick, que sujetaba con firmeza la correa.

Me acordé del día en que Lily arrinconó a una lagartija. ¿Sería un manjar tan delicioso por lo que siempre abrigaba la esperanza de encontrar otra? Nick la condujo hasta la puerta. Le di las gracias por su compañía y me retiré con mi perrita al fresco interior de la casa. El teléfono estaba sonando. Respondí contenta; la llamada era de Jeannette.

—Jeannette —dije sin aliento—. ¿Qué opinas acerca de la esperanza?

—Que es imprescindible —respondió—. Es la fuer-

«Escribe en tu corazón que cada día es el mejor día del año».

Ralph Waldo Emerson

za tácita que te impulsa hacia adelante. Si no creyera en la esperanza, no tendría sentido rezar.

Yo sabía que Jeannette tenía fe en el poder de la oración.

—Continúa —la insté.

—Es imposible rezar sin esperanza. Si no pensaras que da algún fruto, no habría motivos para rezar. Piénsalo. Estás esforzándote en una coyuntura y albergas la esperanza de que algo cambie. Tienes la esperanza (y la confianza) de que algo mejore.

—Me consta que rezas por la mañana —le dije—. Pero ¿rezas también por la noche?

—Rezo por la noche para mitigar la ansiedad. Pronuncio una palabra sin cesar: ayuda, misericordia, paz… «Ayuda» es un ruego común de una sola palabra. Pronuncio una palabra y la lanzo al universo.

—¿Rezas de rodillas? —pregunté, curiosa.

—No me arrodillo desde que era pequeña. Digo mis plegarias mientras hago la compra, lavo los platos, me cepillo los dientes, limpio… Por la noche rezo con la esperanza (otra vez esa palabra) de un mañana mejor.

—¿Rezas por mí por la noche? ¿Para que tenga un mañana mejor?

—Claro que sí.

—Pues tus oraciones de anoche fueron escuchadas. Hoy he tenido un día mejor.

—Esa era mi esperanza —concluyó Jeannette—, y para eso recé.

«Incluso la noche más oscura terminará y saldrá el sol».

Herbert Kretzmer

Pedir orientación por escrito

Todos tenemos esperanza. Una de las formas más rápidas de tomar conciencia de nuestro sentimiento de esperanza —y de su poder— es por medio de este ejercicio. Coge un bolígrafo y, lo más deprisa que puedas, completa lo siguiente:

1. Abrigo la esperanza de que…
2. Abrigo la esperanza de que…
3. Abrigo la esperanza de que…
4. Abrigo la esperanza de que…
5. Abrigo la esperanza de que…
6. Abrigo la esperanza de que…
7. Abrigo la esperanza de que…
8. Abrigo la esperanza de que…
9. Abrigo la esperanza de que…
10. Abrigo la esperanza de que…

Ceder el control

Al norte y al este, la humareda oculta las montañas. Se ha desatado un incendio forestal. En mi casa, a treinta y dos kilómetros de distancia, el aire está cargado de ceniza. Si salgo a la puerta y respiro hondo, noto pinchazos en los pulmones. El bonito pueblo de Tesuque se ubica en la trayectoria del incendio y una conocida mía, Marisa, vive en una casa apartada en las inmediaciones. Confío en que todo le vaya bien. Incluso en mi ubicación lejana, con suerte a salvo, ya resulta bastante aterrador. Pienso en los incendios que arrasaron California el año pasado, en las vidas y los hogares destrozados. En comparación con aquellos, este es de poca magnitud —de momento— y puede que no tarden en controlarlo. Por el bien de Marisa, eso espero.

El fuego lejano genera un miedo instintivo; la humareda del aire provoca ansiedad. A medida que se aproxima el crepúsculo, el viento cambia y se distinguen las montañas. Al oeste —lejos del incendio—, el cielo se tiñe de oro fundido. Un sol llameante se hunde en el horizonte.

«¿Sobre qué debería escribir?», pregunto a la página. Deseo escuchar la voz que me guía, pero tengo la mente en el incendio y no me llega ninguna palabra. Sin embargo, poco después oigo: «Necesitas rezar. La ayuda que recibes procede de multitud de orígenes». Telefoneo a mi nueva amiga Susan, que reside en California.

—Estoy de ánimo desabrido y mezquino —le comento.

No menciono el incendio. Ella, al fin y al cabo, es de California, donde los incendios son incendios con todas las de la ley.

—Tienes derecho a estar de mal humor un día —señala. Su manera de hablar posee un agradable tono socarrón. Tiene años de experiencia en la senda espiritual.

—Odio sentirme mezquina —reconozco.

Acto seguido me lanzo de lleno a soltar una letanía de cosas que me enervan —como la gente egocéntrica—, que es precisamente la sensación que estoy experimentando. Aun así, no saco a relucir el incendio y el hecho de que la humareda me haya crispado. Según Susan, entiende que haya personas que me ponen de los nervios. Acordamos conversar mañana, cuando, con suerte, estaré de mejor ánimo. Pero ¿y si el incendio se propaga hacia aquí durante la noche?

La mañana trae consigo un viento cargado de humo. Las montañas se ciernen en la penumbra. El aire, impregnado de ceniza, es indicativo de que el incendio continúa ardiendo sin tregua. Llamo a Marisa para comprobar que se encuentra a salvo.

—Está a poco más de dos kilómetros de distancia —me informa, con la voz ronca debido a los residuos

«En cierto modo, ser optimista consiste en mantener la cabeza bien alta en dirección al sol y los pies moviéndose hacia delante».

Nelson Mandela

tóxicos que flotan en el ambiente—. El viento está cambiando de dirección, alejando el fuego. Estaré bien.

Conforme al parte de Marisa, en efecto, el viento está cambiando. Ahora se distinguen las montañas, que se han librado de la catástrofe.

Nick me telefonea para comunicarme:

—No tardarán en contener el incendio. El viento está soplando en dirección noroeste. Ninguna construcción de Tesuque ha sido pasto de las llamas.

Al mirar por la ventana, constato la veracidad del parte de Nick: la humareda está perdiendo densidad a la altura del pueblo de Tesuque. Se ha concentrado al oeste, sobre una zona deshabitada. Mi perrita Lily se aventura a salir al porche. Ya no le escuecen los ojos por el humo; se apoltrona ufana en una zona donde da el sol. Cuando la llamo para que entre, obedece de mala gana. Le prometí que la sacaría a pasear. Ayer, con el humo y el calor, la tuve confinada. De modo que engancho rápidamente la correa a su collar y nos ponemos en marcha. Aunque la temperatura todavía roza los 32 °C, el viento avanza con fuerza desde la zona de Marisa y nos refresca durante el paseo. Lily está alerta a las lagartijas, pero no hay ni rastro de ellas; la humareda de esta mañana las ha ahuyentado en busca de refugio. Contrariada, Lily camina al trote por delante de mí. Tiro de la correa y le digo: «Más despacio», pues, al fin y al cabo, es un paseo agradable. El viento le ondea el pelo.

De vuelta en casa, el teléfono está sonando. La llamada es de Laura, preocupada por el incendio. Desde su piso en Chicago, la noticia de un incendio forestal causó consternación.

—Laura, se está alejando.

—Pero ¿lo tienen controlado? —insiste.

—Por lo visto pronto lo harán —le aseguro—. El aire está mucho más limpio. He sacado a Lily a pasear.

La noticia de mi paseo con Lily parece tranquilizarla.

—Te tengo presente en mis oraciones.

Desde la lejana Chicago, siento su buena voluntad.

Lily se bebe a lengüetazos el agua del bol para saciar su sed y la picazón de su garganta. Yo saco una botella de agua fría de la nevera para mí. Mientras bebo, pienso: «Aunque menos denso, el humo sigue impregnado en el ambiente». Las montañas se ciernen en la oscuridad del crepúsculo. A lo mejor mañana amanecen despejadas.

«Estoy muy lejos de ser un pesimista… Por el contrario, a pesar de mis cicatrices, haré cosquillas a la muerte mientras viva».

Eugène O'Neill

Otro día gris y cargado. La secuela del fuego continúa: las montañas son sombras de sí mismas. La densa humareda que arrastran los vientos oculta las cumbres. Las nubes presagian lluvia, pero no cae. El incendio aún no está controlado. El pino piñonero se perfila verde oscuro contra el tenebroso cielo encapotado. Los pajarillos se cobijan en sus frondosas ramas. Mientras cruzo con Lily el bosquecillo de enebros, no se oye el gorjeo de los pájaros cantores. El humo los ha enmudecido; tal vez haya lastimado sus delicadas gargantas.

El crepúsculo desciende sobre las montañas como una tonalidad grisácea más. La puesta de sol es apagada. Los nubarrones pasan de largo, alejando su carga de agua de las llamas. Hay previsión de lluvia para finales de esta semana, pero es ahora cuando la necesitamos. El fuego continúa su avance, mientras los nubarrones de lluvia se burlan y pasan de largo.

Mi casa se halla a una distancia segura del incendio. Hay un alto macizo montañoso haciendo guardia. No tengo motivos para preocuparme, siempre y cuando los vientos mantengan su dirección hacia el noroeste. Sin embargo, el humo del aire me asfixia como a los pájaros cantores. Trato de escribir, pero las palabras me rehúyen. Quiero poner por escrito una sola cosa: ¡FUEGO!

La densa ceniza que impregna el ambiente ensombrece las montañas. Cuando saco a Lily a pasear, me escuecen los ojos y me arden los pulmones. Quizá sea una torpeza aventurarse a salir. Lily tose —un tenue carraspeo— y me da por pensar en los animales que estarán huyendo del fuego; en muchos casos, sus hogares han sido destruidos. Ante la amenaza para su seguridad, escapan de las llamas. Los bomberos están avistando ciervos y osos: los primeros, a la desbandada; y los segundos, avanzando trabajosamente, unidos ante el peligro. Acorto el paseo de Lily y la conduzco de vuelta a casa, donde un bol de agua fría le suavizará la picazón de la garganta.

> «¡En esta hora, no creo que ninguna oscuridad perdure!».
>
> J. R. R. Tolkien

Contemplo por el ventanal la tenue silueta de las montañas. El incendio sigue su curso y el viento arrastra un manto de pesadumbre. Cuando por fin llueva, será como si el cielo llorase. La devastación es enorme: un bosque ha perecido, del verdor a la negrura, una mortaja en la tierra. La tristeza se palpa en el ambiente.

En mi caso, siento melancolía. He tenido el ánimo decaído todo el día. «Está en el aire», anuncia Nick. También él está deprimido. «No hay nada a lo que pueda achacarlo», manifiesta, pero es un alma sensible y se siente profundamente apenado por la fauna, al igual que yo. Nick se mantiene al tanto de las noticias sobre el incendio cada hora. «Tienen controlado el ochenta por ciento», me informa, con la esperanza de mejores noticias.

Al anochecer, Lily se pone a rondar a mi lado. Un repiqueteo de truenos presagia lluvia, pero no cae ni una gota. Nadie ha dicho qué provocó el incendio. ¿Un descuido en una fogata campestre? En realidad, poco importa: comoquiera que fuera, las llamas se propagaron. Al principio un incendio menor, luego de mayor magnitud y ahora un incendio forestal de grandes proporciones. Quizá no en comparación con los de California, pero sí lo bastante importante como para asustar a los residentes de Santa Fe.

Mientras la tronada continúa sin que caiga una sola gota de lluvia, Lily camina de aquí para allá, gimiendo por lo bajo. La tormenta fallida es antinatural, y ella está nerviosa.

«Todo puede pasar, niño,
TODO es posible».

Shel Silverstein

—No pasa nada, pequeña —le digo, pero se muestra escéptica. ¿Acaso se le puede reprochar?

El ruido sordo de los truenos se convierte en fragor. Aun así sigue sin llover. Ahora se me ha contagiado el nerviosismo de Lily.

—No pasa nada —repito para ambas.

Más allá del pino piñonero, hacia el este y el norte, no se divisan las montañas; el humo oculta las cumbres. Tras ese manto, el fuego avanza voraz, devorando hectáreas con avidez. La esperada lluvia frenaría su propagación, pero continúa sin llover.

Para colmo, los truenos cesan. La tormenta ha pasado de largo.

Lily se encarama de un salto al sofá de dos plazas, a mi lado, y me lame la mano. Si ella pudiera escribir, nos diría que nos tranquilizáramos. El viento está cambiando y las imponentes montañas se distinguen de nuevo, argénteas contra el cielo. La luna se eleva, oscurecida por la humareda que se desplaza. Las estrellas brillan tenuemente.

El teléfono suena con estridencia. La llamada es de Scott Thomas. Me informa de que la lluvia que no cayó en mi zona descargó con fuerza en la suya. Me describe la tormenta:

—Hemos tenido truenos, relámpagos y lluvia.

Mi melancolía se disipa con la noticia. Me infunde la esperanza de que el fuego se haya extinguido.

PEDIR ORIENTACIÓN POR ESCRITO

Completa las siguientes frases:

1. Un aspecto de mi vida sobre el que no tengo control es…
2. Ojalá que…
3. Tengo miedo de que…

A continuación copia las siguientes preguntas y atiende a la voz que te guía. ¿Qué oyes?

«Elige ser optimista.
Te sentirás mejor».

DALÁI LAMA XIV

1. ¿Cómo puedo aceptar mi falta de control?
2. ¿Cómo puedo dejar esta situación en manos de un poder superior?
3. ¿Qué iniciativas puedo llevar a cabo?

Confiar en la voz que nos guía

Hace 32 °C y el humo persiste en Santa Fe. En el norte de Michigan, donde mi amigo el artista Ezra Hubbard está veraneando, hace 18 °C y un día radiante.

—¿Qué tal? —dice Ezra cuando descuelgo—. La otra noche soñé contigo y me lo tomé como una señal: llámala.

Ezra va vestido de verano: polo azul marino, pantalón corto color camel, zapatillas verdes. Después de realizar un largo trayecto en bicicleta, lo mejor para aclararse las ideas, me telefonea, preparado para hablar sobre la orientación.

—Yo me levanto a las seis de la mañana —comienza diciendo—. Tengo un despertador que emite luz en vez de sonido, y me levanto antes del amanecer. Me siento en el borde de la cama para hacer algunos ejercicios de respiración profunda y, después, me preparo un café y me pongo con las páginas.

Ezra hace una pausa para poner en orden sus pensamientos.

—Lo primero que hago es escribir las páginas matutinas, sentado en el estudio o fuera, en el porche. Permanezco inmóvil y presto atención. A lo mejor me da por recordar sueños, o retazos de ellos, y los pongo por escrito. Escribo tres páginas en las que ordeno mis pensamientos, y añado una extra con todos los objetivos que espero alcanzar a lo largo de la jornada, incluso hasta las horas en las que me pondré con ellos.

Ezra hace otra pausa, con la intención de ser riguroso, y continúa:

—Escribo y, cuando termino, bosquejo. Dibujo obras que he esculpido y piezas que tengo previsto hacer, una especie de registro visual de mi trabajo. Tardo alrededor de una hora y media; me sirve como ciclo de retroalimentación. Observo las piezas que he esculpido y pruebo nuevos diseños. Al final del día repaso lo que he hecho y lo cotejo con la lista de objetivos que esperaba alcanzar.

Ezra se aclara la garganta. Para él, la conversación es emotiva.

—Confío en la voz que me guía porque no tengo más remedio. A veces, cuando los mensajes escasean, me asaltan las dudas, pero entonces doy un golpe de mano y la voz que me guía regresa. Al repasar la jornada, soy consciente de lo que he aprendido.

Desde donde Ezra está sentado goza de vistas de grandes árboles y, más allá, el lago Michigan. Cerca hay un manzano solitario con fruta madurando despacio.

—Yo tengo la certeza de que se me guía —prosigue—. En ocasiones, las directrices son confusas, pero, mirando en retrospectiva, siempre tienen sentido. Cada pieza que esculpo lleva un mensaje grabado, hasta en la forma y las líneas. Sí, no cabe duda de que las obras entrañan mensajes. A veces es una conversación con una persona o con lo que podríamos llamar el «espíritu» de la obra.

Le digo a Ezra que, mientras conversamos, tengo una de sus obras al otro lado de la sala. Es una pieza redonda de madera seccionada por una cruz. Su mensaje es espiritual y, sin embargo, al mismo tiempo terrenal. Desde que la compré hace años, nunca ha dejado de hablarme.

«La mejor manera de no caer en la desesperación es levantarse y hacer algo».

Barack Obama

—¡Sí! —exclama, entusiasmado de que se valore su trabajo. Al decirle que esa talla me aporta paz y alegría, añade pensativo—: Yo recorro largos trechos en bicicleta para aclararme las ideas. Surte el mismo efecto que salir a correr. Se me marca el rumbo.

Ezra se tira del cinturón. Con su larguirucha complexión, los pantalones cortos le caen holgados. Junta las yemas de los dedos y, acto seguido, hace un ademán con las palmas de las manos hacia arriba.

«Recuerda que la esperanza es una cosa buena, quizá la mejor de todas, y las cosas buenas nunca mueren».

Stephen King

—Aquí, en Michigan, dispongo de tiempo y espacio para crear, aunque echo de menos la compañía de otros artistas. Están disponibles por Zoom, pero no es lo mismo. Tiene sus pros y sus contras. El aislamiento me proporciona espacio para trabajar, pero he de reconocer que me siento solo.

Con las páginas diarias y los paseos en bicicleta en solitario, Ezra es testigo de sí mismo. Resume sus reflexiones:

—Confío en la voz que me guía porque no tengo más remedio.

El incendio no está sofocado, pero la situación ha mejorado: en vez de un cielo cubierto de humo hay un único penacho. La lluvia no cayó sobre mi casa, pero sí sobre el fuego. Fue un sirimiri, no un aguacero, pero algo es algo.

Los cielos, más despejados, eran un motivo para el

optimismo. El fuego, tarde o temprano, cesaría. Hay previsión de más lluvia. Esta noche, al contemplar el cielo vespertino, las montañas sobresalen en bajorrelieve. En vez de un velo de humo hay nubes dispersas. Al oeste, el brillo topacio de la puesta de sol ilumina el humo residual.

Llevo dando clases cuatro décadas, desde los treinta y dos años. Ahora, a los setenta y dos, tengo muchos años de práctica a mi espalda. Cada clase es un mundo, y cada clase requiere rezar. Yo pido que se me guíe sobre qué y cómo enseñar, y cuando —guiada— me coloco delante de salas llenas de personas, siempre atiendo a mis corazonadas o a mi intuición sobre cómo proceder.

A mí me gusta escribir antes de impartir una clase. Pido que se imbuya de amor, servicio, humor, sabiduría y, sí, de carisma. Pido directrices específicas para saber exactamente cómo proceder. Hoy, al pedir orientación por escrito, se me transmitió: «Comienza la clase con poesía y canto». Aunque soy poetisa y compositora, no se me había ocurrido incorporar mis poesías y mi música. Con el paso de los años he aprendido a ser obediente, a hacer caso a la voz que me guía con independencia de lo poco plausible que me pueda parecer. Y, por lo tanto, esta tarde comencé la clase con un poema: «Por qué escribimos». Me gustó dejar a un lado mi faceta de docente y mostrarme como artista, como autora de *El camino del artista*.

Cuando imparto clases, la orientación me llega, no a través de una voz, sino de la intuición. «A continuación haz esto». Así pues, cumplo esa directriz a rajatabla. «Canta», me dijo mi instinto hoy, de modo que canté, a capela, una cancioncilla que había compuesto. «Predicarás con el ejemplo», fue la pauta que se me proporcionó tras pedir consejo por escrito antes de la clase; por lo tanto, me dio por ser audaz, por relatar experiencias de la trayectoria de la escritora que llevo dentro.

Es más, se me aconsejó: «Será preciso que te muestres vulnerable», y me dio por confesar a los alumnos que, después de cuarenta libros, sigo teniendo la sensación de ser una impostora, no una escritora con todas las de la ley, lo que quiera que eso signifique. Les hablé sobre mi yo crítico, al que llamo Nigel. Yo me lo imagino como un decorador de interiores británico y nada de lo que escribo cumple sus altas expectativas. Llevo escribiendo desde los dieciocho años y el sonsonete de Nigel me ha acompañado a cada paso del camino. He aprendido a contrarrestar sus embates de negatividad: «Gracias por compartir, Nigel». Los artistas consumados han aprendido a crear, no porque no tengan miedo, sino porque le plantan cara. Yo he escrito libros enteros con el sonsonete de Nigel en el oído. «Gracias por compartir, Nigel», he aprendido a replicar. Por lo cual, predicando con el ejemplo, con una actitud vulnerable tal y como se me ha indicado, guío a mis alumnos para que den rienda suelta a su creatividad a pesar del miedo.

Mis clases duran una hora y media; tras esos noventa minutos me siento exultante y, al mismo tiempo, agotada. Hoy, que he concluido la clase con otro poema, me ha despertado admiración la precisión de mi intuición.

«La creatividad requiere coraje».

Henri Matisse

Pedir orientación por escrito

Completa las siguientes frases:

1. Un aspecto de mi vida en el que debo confiar en la voz que guía es…

«Hay veces en las que se requiere mucha más fortaleza para saber cuándo soltar y seguidamente hacerlo».

Ann Landers

2. Una ocasión en la que la voz que me guía demostró ser fidedigna fue…
3. Intuyo que puedo confiar en la voz que me guía en lo tocante a este asunto porque…

La fiabilidad de la voz que nos guía

«Pues, al fin y al cabo, lo mejor que se puede hacer cuando llueve es dejar que llueva».

HENRY WADSWORTH LONGFELLOW

Las montañas se perfilan con nitidez contra el cielo. Nubes blancas y onduladas coronan las cumbres. Por encima de ellas, el cielo es una bóveda de un azul intenso. Las estrellas tachonan su inmensidad mientras oscurece. Hace una noche tranquila. Sentada en el sofá de dos plazas, mientras miro por el ventanal en saledizo, me asombro ante la quietud de la naturaleza. El dramático incendio ha cesado.

«Escribe acerca del equilibrio», me aconseja la voz que me guía, y conecto con mi alma con el fin de encontrar un espacio de calma. ¿Dónde está? Aún me encuentro turbada por el incendio y por las emociones que me provocó. Adoro mi casa y sentí que corría peligro. El humo que arrastraba el viento entrañaba un riesgo y yo era consciente de ello. Dependí de Nick para que me tuviera al tanto del avance y la dirección del fuego. Él, al menos, mantenía la calma.

—Se está alejando de tu zona. No tienes nada que temer —me dijo en tono circunspecto, al intuir la ansiedad latente en mi sereno tono de voz—. El viento está soplando hacia el noroeste —aseguró—. Tu casa está situada al sureste.

Las reconfortantes palabras de Nick me proporcionaron algo a lo que agarrarme. A medida que el cielo se despejaba de humo, pronuncié una oración de gratitud. «Gracias —susurré junto a mi cama—. Gracias». Las ventanas me ofrecían una vista del cielo y las montañas. Conforme el aire clareaba, las cumbres lucieron su habitual majestuosidad.

«Revela tu propio mito».

Rumi

En mi senda espiritual se me asegura que todo está —siempre— bien. «Estás a salvo y protegida —afirma la voz que me guía—. Todo está bien». Sus reconfortantes palabras me tranquilizan. Repito como un mantra: «Todo está bien».

No obstante, para mantener la confianza en la voz que nos guía se requiere fe. Mi nerviosismo precisa fe. Invoco una vez más al Gran Creador, y se me dice, con firmeza: «La tierra sanará». Miro por las ventanas en dirección norte y, ¡anda!, no hay rastro de humo. Hay previsión de lluvia bien entrada la noche, de modo que la zona quemada se enfriará. De las cenizas emanarán efluvios de vapor, la humedad empapará el bosque asolado y nuevos brotes crecerán entre las cenizas.

«Todo está bien», digo para mis adentros, al tiempo que contemplo cómo una luna creciente bendice el cielo. Es la luna de los nuevos comienzos. «Todo está bien», me confirma. Y así lo creo.

Estoy tumbada en la cama —remoloneando— cuando el teléfono suena con estridencia. Al echar un vistazo al identificador de llamadas, me espabilo de muy buen grado. La llamada es de Ed Towle, con quien mantengo una estrecha amistad desde hace cuarenta y dos años.

Lo visualizo, alto y desgarbado, con su pelo rubio y su barba, la sonrisa fácil que crea líneas de expresión en sus facciones. Me está devolviendo la llamada de anoche, cuando llegué a la conclusión de que necesitaba una dosis de su buen humor. En tiempos oscuros, Ed conserva el buen ánimo. Es un optimista a ultranza. Cultiva su talante alegre, de risa fácil, y se toma con humor las adversidades de la vida.

—Quiero dormir hasta que acabe esta pandemia. —No está durmiendo, puesto que me está llamando—. ¿Te has puesto en marcha ya? —pregunta.

—Estoy en ello —respondo.

—Bueno, ¿y qué tienes entre manos? ¿Estás escribiendo?

—Estoy escribiendo un libro acerca de la orientación.

—Ajá. Es un tema difícil. Te hará falta orientación para escribir sobre la orientación. ¿Juegas a los bolos?

—He jugado.

—Bueno, ya sabes que, en las partidas infantiles, colocamos pelotas hinchables de amortiguación detrás de los bolos para que la bola no se cuele. La orientación es similar: es como un amortiguador que nos mantiene en la dirección correcta.

La percepción de Ed me hace gracia. Visualizo unas pelotas hinchables que marcan su rumbo y el mío.

—¿Tú rezas para recibir orientación? —le pregunto, al tiempo que me lo imagino arrodillado, sujetando una pelota hinchable bajo cada brazo, agarrándolas con fuerza mientras expresa su petición.

—Yo no lo llamaría «rezar» —responde—, aunque, de hecho, lo es. Yo no voy a la iglesia; con el patio trasero me basta. En realidad, cualquier lugar tranquilo. Tomo asiento para reflexionar y mi mente empieza a dar bandazos, rápida y ruidosamente. Poco después noto que va aquietándose, lenta y suavemente. Entonces es cuando recibo orientación. Siento cómo el flujo de mis pensamientos se ralentiza y serena. Mi acelerado ruido mental cesa. Es entonces cuando me llegan directrices y sé qué hacer.

La de Ed es una vida tranquila. Su confianza en la voz que le guía posee una cualidad informal y natural. Cuando algo le preocupa, simplemente se retira en el silencio de su patio trasero. Allí, sentado cómodamente en calma, espera hasta que su mente se aquieta y despeja. El asunto que le inquietaba se esclarece: mientras aguarda, la respuesta sustituye a la pregunta.

—En realidad es sencillo —concluye para resumir su punto de vista.

Él pide orientación y la recibe. A lo mejor no es nada del otro mundo, pero sí algo que da por sentado.

Pedir orientación por escrito

Al escribir para recibir consejos, experimentamos un profundo estado de calma. Podemos elegir un emplazamiento tranquilo —un parque, un jardín, una iglesia u otro templo— con el fin de imbuirnos de una mayor serenidad a nuestro alrededor.

Llévate un cuaderno y un bolígrafo a un lugar donde se respire paz. Pide consejo acerca de lo que quiera que esté agobiándote, y presta atención a la respuesta. ¿El entorno mejora tu capacidad de oír la voz que te guía?

«La imaginación es más importante que el conocimiento. El conocimiento es limitado, mientras que la imaginación lo abarca todo».

Albert Einstein

La orientación y el arte

Brendan Constantine es poeta —un destacado poeta— y un orador elocuente con un discurso articulado. Con la cabeza rasurada desde 1997 y unos ojos azules penetrantes, tiene un porte imponente con su camisa de cuadros escoceses, tejanos azules, calcetines amarillo canario y zapatos oscuros. Lleva puestas unas gafas de lectura para focalizarse mejor en sus apreciaciones. Contento de prestarme su ayuda, habla deprisa y con entusiasmo.

—Mis plegarias no son formales; son muy conversacionales. Aunque no entiendo el concepto de Dios (la fuerza creadora de las moléculas, los meteoritos y las montañas), le hablo con franqueza, a veces de viva voz, a veces en susurros. Lo primero que hago al despertarme es hablar con Dios. Me dirijo a él como a un allegado íntimo que tuviera justo al lado y le pido ser útil; esa es la palabra que uso. Y así comienzo el día.

«Todos los grandes logros de la ciencia parten del conocimiento intuitivo. Yo creo en la intuición y en la inspiración… A veces siento que estoy en lo cierto, aunque aún desconozca la razón».

Albert Einstein

Brendan respira hondo y acto seguido se lanza de lleno al tema.

—Lo que he expresado como artista está estrechamente ligado a mi vida espiritual. Mi anhelo de ser útil, así como mi actitud de aceptación posibilitan mi arte. El «asombro» sería otro término para describir mi diálogo con todo a lo largo de la jornada, mi conversación con un poder superior sobre lo que el universo me depara. En mi día a día se me bendice con la lucidez suficiente para avanzar hacia el horizonte. Es como si algo me dijera: «Sigue adelante, sigue adelante, solo un poco más». Eso es la orientación, y yo me rijo por ella.

> «Somos curiosos… y la curiosidad nos lleva siempre por nuevos caminos».
>
> WALT DISNEY

Brendan se inclina hacia delante, deseoso de ser claro.

—He de reconocer que, a pesar de mi rica experiencia, en ocasiones me cuesta mucho encontrar orientación, soy demasiado consciente de mí mismo. Con independencia de lo conectado que pueda sentirme, sigo siendo el mismo ser humano imperfecto.

Brendan suspira. Su tono es confesional.

—Desde luego que recibo orientación para mis versos. A veces me da la impresión de que, en vez de componer un poema, este ya existe en el éter, de que es un ente con el que estoy negociando… Hay otras ocasiones en las que soy, a mi pesar, consciente de que estoy dando forma a algo, y lo concibo como un acto de voluntad por mi parte. Es posible que mi intuición requiera ayuda, a veces de otra persona.

Brendan, consciente de que está hablando muy deprisa, carraspea y sigue explicando a borbotones:

—La orientación es algo que busco con el fin de hacer lo que se supone que he de hacer para ejercer bien mi oficio. Y, sin embargo, soy partidario de cometer equivocaciones, pues los errores pueden ser la forma en la que se manifiesta la orientación. Algunas lecciones únicamente pueden aprenderse de ese modo.

Brendan es la voz de la experiencia. Lleva dedicándose a la escritura a tiempo completo desde 1994 y su aprendizaje del oficio ha sido a base de prueba y error.

—A veces, tomando distancia, pienso: «Guau, espero no volver a hacer eso jamás».

Y, sin embargo, en general, su trayectoria artística ha sido positiva.

—Llevo veinticinco años trabajando en cuerpo y alma, y en ese periodo mi orientación y mi arte se han convertido en mi manera de pensar, en mi manera de rezar. En mi manera de entender el mundo. Atiendo a la voz que me guía a cada paso del camino.

Pedir orientación por escrito

¿En qué proyecto creativo estás trabajando? ¿Has probado a pedir orientación para llevarlo a cabo?

SEMANA

5

Cultivar la resiliencia

Esta semana te animaré a continuar con el curso y a recurrir a la voz que te guía incluso para reflexionar acerca de asuntos o preocupaciones que te han angustiado en el pasado. El objetivo de las herramientas de esta semana es recordarte que la orientación siempre está a nuestro alcance, y que siempre es un elemento de apoyo. La práctica de pedir orientación por escrito nos brinda una vida estable y provechosa. Como aprendimos la semana pasada, hacer recuento de las cosas positivas nos instila una sensación de fortaleza espiritual. Afrontamos los retos del pasado con fuerzas renovadas.

La magia de la naturaleza

Nick y yo sacamos a Lily a pasear al fresco de la tarde. El calor estival empieza a mitigar y el otoño está a la vuelta de la esquina. La tonalidad verde y púrpura de las montañas no tardará en volverse dorada, al tiempo que los álamos temblones alcanzarán su época más esplendorosa. El año pasado el otoño fue corto, pues un prematuro y crudo invierno le tomó el relevo. Este año abrigo la esperanza de que nos dé un respiro. Pronto las flores amarillas de los arbustos resplandecerán, las lagartijas estivales desaparecerán y llegará la temporada de los osos: estos magníficos animales descienden con lentitud desde las altas cotas hasta las inmediaciones de áreas habitadas, y una vez que pasa el otoño se retiran para hibernar de nuevo.

En mi zona se corre la voz de «alerta de osos» y, por lo tanto, tengo precaución al encaminarme por el jardín delantero en dirección a mi casa.

Sería más apropiado decir «alerta de ciervos», pues estos elegantes animales descienden con cautela desde los flancos montañosos hasta el lecho del valle, mordisqueando la hierba en su recorrido. Después del verano

> «Si tengo la convicción de que puedo hacer algo, seguramente adquiriré la capacidad para hacerlo, aun cuando no la tenga al principio».
>
> Mahatma Gandhi

están rollizos y lustrosos. En invierno, como rumian en un territorio más escaso en forraje, están más delgados.

Mi jardín alberga algunas especies que no son bienvenidas: los topos construyen sus madrigueras bajo los rosales. Al salir a pasear, Lily tira de la correa, ansiosa por lanzarse a por ellos. «No, pequeña», digo para contenerla, a ella y a su apetito. Le decepciona que frustre sus planes así.

> «La esperanza es esa cosa con plumas que se posa en el alma, que entona melodías sin palabras y no se detiene jamás».
>
> Emily Dickinson

Mi finca es un terreno frondoso de 4.000 m². Las ramas de los pinos piñoneros y los enebros se extienden las unas junto a las otras. Esta noche, mientras la luna llena se eleva, su reflejo argénteo se impone sobre la negrura de los árboles. La luz de la luna ilumina el patio de juegos de Lily: un recinto vallado de 2.000 m². Lily se aventura a salir a explorar, en busca de intrusos. Un grupo de coyotes rodea el perímetro. Mi perrita les ladra y ellos contestan con aullidos amenazantes. No pueden salvar el muro y ella lo sabe. Se mantiene firme, y suelta un aullido de advertencia para ahuyentar a los intrusos. Es un callejón sin salida: ni Lily ni los coyotes se dan por vencidos.

«¡Lily, premio!», exclamo en tono cantarín, un reclamo persuasorio para que entre. Cierro la trampilla y la dejo encerrada dentro. Los coyotes están, en mi opinión, demasiado cerca para quedarme tranquila.

La luna llena baña el jardín con una luz argéntea. Hay unos cuantos rosales robustos en flor a pesar de los topos. Tras ponerme en contacto con un especialista en control de plagas, supe que atrapar estas alimañas conllevaba un procedimiento costoso y complejo. Por lo tanto, decidí dejar que camparan a sus anchas.

Mientras estoy acurrucada en el sofá, escribiendo, el teléfono suena con estridencia. La llamada es de Scott Thomas, que me informa de que su casa tiene visitantes:

tres mapaches haciendo equilibrio sobre las ramas del olmo que da sombra a su porche. Su pitbull avisó de la llegada de los intrusos ladrando junto a la puerta, rogando que lo dejara salir para plantarles cara.

—Los he visto más grandes —comenta Scott—. Estos deben de ser jóvenes. Solo vienen de noche y son intrépidos. Cuando los enfoco con la linterna, se quedan mirando como si nada. ¿Entran a tu finca?

—No —respondo—. Me parece que mis árboles no les gustan.

—Pues a mi perro no les hace gracia. Es su casa y le molestan.

—Por aquí merodean coyotes —digo a bote pronto—. Y a Lily no le hacen gracia.

—No, claro que no.

—Sé que está a salvo en su jardín, pero la encierro en casa.

—Más vale prevenir que curar. Haces bien en ponerla a buen recaudo.

Scott concluye la conversación con esa cautelosa observación. Lily se encarama de un salto al respaldo del sofá de dos plazas y se pone a mirar fijamente por la ventana. Está alerta ante otros posibles intrusos.

—No pasa nada, pequeña —le digo, pero yo misma tengo la vista clavada en la ventana.

La luna llena ilumina mis dominios. Estoy atenta para atisbar criaturas de pequeño y gran tamaño. Tal vez esta noche vea mapaches. Me da por abrigar esa esperanza.

Es media tarde y el calor está remitiendo. Hace un rato —con más calor—, Nick y yo sacamos a Lily a pasear. Diminutas lagartijas se cruzaron como flechas por el camino. Lily las ignoró; las lagartijas adultas son más de su agrado. El pavimento estaba caliente, y yo estaba ojo avizor ante las serpientes: las serpientes látigo y las serpientes toro superan en número a las de cascabel en las cotas en las que vivo. A Nick no le asustan. «Son nuestras aliadas —explicó—. Las serpientes toro comen ratones». Por eso deberían ser bien recibidas en mi casa, pues los ratones son una presencia constante. Las serpientes, aliadas, merman su población. Pero con independencia de lo inofensivas que sean, me dan miedo. Y, por lo tanto, en mis caminatas con Lily y Nick estoy alerta, pero las lagartijas son las únicas criaturas que veo y, curiosamente, no me dan miedo.

«Pero sé que, de alguna manera, solo en la oscuridad puedes ver las estrellas».

MARTIN LUTHER KING JR.

Encargué que desratizaran mi casa, y el especialista, un hombre amable, mostró empatía con mi miedo a las serpientes. «No tiene por qué preocuparse. No entrarán a la casa —me explicó, cuando puse de manifiesto mi aprensión ante la idea de que una se colara por la trampilla de Lily—. Son tímidas y evitan a las personas y las áreas habitadas —continuó—. De verdad que no hay motivo para alarmarse».

No lo puse al corriente del origen de mi temor: un amigo se entretuvo en contarme una anécdota sobre una enorme serpiente que había reptado hasta la terraza de su casa para comerse un polluelo. Mi porche albergaba un nido de polluelos. ¿Significaba eso que atraería a una serpiente depredadora? ¿A lo mejor a una serpiente toro cuyo apetito no se saciaba con los ratones? Me preocupaba.

Lily bajó correteando alegremente los escalones del jardín. A ambos lados se camuflaban muchas lagartijas. Ella estaba preparada para abalanzarse sobre ellas, pero las lagartijas eran demasiado rápidas. Con todo, la esperanza es eterna, y Lily nunca pierde la esperanza.

Nick tiró de la correa, y ella, a regañadientes, abandonó la persecución. Pequeños pájaros cantores nos recibieron con su gorjeo al llegar a casa. Cantaron hasta el atardecer y, a medida que oscurecía, se fue apagando su canto. Con el crepúsculo, los cuervos alzaron el vuelo rumbo a su refugio nocturno. En contraste con la cadencia melodiosa de los pájaros cantores, graznaron con estridencia, para fastidio de Lily. Ella miró al cielo, lista para presentar batalla. Los cuervos, casi de su mismo tamaño, la desafiaron. Sus burlones graznidos la provocaban, de modo que le dije a Nick:

—Será mejor que la llevemos dentro.

Lily, obstinada, apuntaló las patas. No estaba dispuesta a poner fin a su aventura.

—Vamos, chiquitina —dije en tono persuasorio, y cedió.

Se encaminó hacia la puerta y enfiló hacia su bol de agua. Sus andanzas vespertinas la habían dejado sedienta. Mientras bebía, las chapas de su collar tintinearon contra el borde del bol. Una vez saciada su sed, se encaramó de un salto al respaldo del sofá de dos plazas y se puso a mirar por la ventana, recordando sus andanzas.

Las montañas tienen una tonalidad dorada. El verdor de los álamos temblones se ha transformado en un dorado radiante. Mañana realizaré el empinado trayecto en coche por sinuosas carreteras, a un límite de velocidad de veinte kilómetros por hora, para ver su esplendor de primera mano. Las alamedas son como gigantescas llamas que rozan el cielo. Mi visita no se alargará; incluso unos cuantos minutos ante su fulgor es suficiente. El periodo de floración del álamo temblón es corto. He aprendido a desplazarme para verlos sin dilación. Si me retraso unos días, me perderé el espectáculo.

Esta noche, un vendaval agita las ramas del pino piñonero. Los pinares tapizan las laderas hasta las alamedas. Son preciosos, como sus llamativos hermanos dorados. Nick tiene predilección por ellos, quizá por su profusión: la gran cantidad de diminutos piñones sirve de alimento a las aves. Mi pino piñonero, del que se alimentan pájaros cantores y cuervos por igual, también es fecundo.

La cosecha del año pasado fue abundante. «¿Puedo recolectar las piñas de tu pino?», me preguntó Anthony. Con mi permiso llenó cubos enteros. «Te tostaré piñones», se ofreció. Los pájaros se los comen crudos, y las ardillas se dan festines con las sobras.

Esta noche hay una media luna. Su brillo achampanado ilumina los picos montañosos. El teléfono suena con estridencia; es mi hija. Ha recibido un aluvión de llamadas de felicitación por su cumpleaños que la han animado sobremanera.

—¡Con un día de antelación, pero qué gusto! —cacarea.

También me informa de que ha recibido una tarjeta con una nota mía, en la que le puse lo orgullosa que estoy de ella en su papel de esposa y madre. El elogio le agradó.

> «Dejar de soñar… Bueno, eso es como decir que no se puede cambiar el destino».
>
> Amy Tan

La pongo al corriente de que he pasado la tarde dando clase, a trescientas personas, por Zoom. Fue una experiencia difícil, y puse en tela de juicio mi «buen hacer». Emma y Nick, que estuvieron presentes, manifestaron que había estado «magnífica, realmente excelente». Sus opiniones me llegan al alma, y procuro que me levanten la moral. Es en ese momento cuando caigo en la cuenta de que los álamos temblones estarán esplendorosos. Su belleza me alegra el corazón y planifico la visita de mañana. Me llevaré a la pequeña Lily conmigo para instruirla en la belleza otoñal.

Pedir orientación por escrito

«La jardinería es un instrumento de gracia».

May Sarton

Yo encuentro que la presencia de la naturaleza en mi casa —ya sean flores recién cortadas, piñas recolectadas o una planta florida— me ayuda a conectar con lo divino. ¿Puedes llevarte un elemento de la naturaleza a tu casa? ¿Te infunde eso una sensación de asombro y de conexión con la magia inherente a la naturaleza?

Permitir la ayuda divina

Hoy he impartido un taller para ciento ochenta y tres personas por Zoom. ¿El tema? La oración. El título del taller era: «Hablar con Dios». Estaba nerviosa antes de empezar; siempre me pongo nerviosa antes de dar una clase. «Ayúdame a ayudar a los alumnos, a proporcionarles lo que necesitan», recé. Después de lo que me costó impartir la clase de ayer, me preocupaba no dar la talla. La oración, al fin y al cabo, es un tema complejo, y lo abordé con aprensión. «Proporcióname soltura y serenidad», rogué a Dios. Además hice una petición enumerando las cualidades de las que deseaba imbuirme: amor, sabiduría, utilidad, buen humor, carisma, empatía, compasión, aguante, energía, elocuencia… Recé: «Querido Dios, confieso que deseo ser brillante. Por favor, ayúdame a darme por satisfecha con lo que soy capaz de hacer».

«Esto es cierto en todas y cada una de las leyes de la naturaleza: siempre han existido y nos sirven en la medida en que las entendemos».

Ernest Holmes

Así pues, armada de múltiples deseos, comencé la clase. «Vamos a contar hasta tres y a expresar una intención para que la clase vaya bien. Uno, dos, tres…». Sentí la buena energía de las intenciones de los alumnos. Me lancé de lleno a dar la clase con soltura y serenidad:

mis plegarias fueron atendidas. En el transcurso de la siguiente hora y media transmití mis enseñanzas, pasando de un punto a otro, de una herramienta a otra. Sentí que se me guiaba: «A continuación haz esto, di esto». Finalicé la clase con la oración para la serenidad: «Señor, concédeme serenidad para aceptar las cosas que no puedo cambiar, valor para cambiar aquellas que soy capaz de cambiar y sabiduría para reconocer la diferencia».

Yo había rogado darme por satisfecha con lo que era capaz de hacer y resulta que mis plegarias fueron escuchadas. No tenía nada que lamentar. La clase había ido bien.

«El camino más claro hacia el universo es a través de un bosque salvaje».

John Muir

«Querido dios, te ruego que me proporciones palabras», recé anoche y, acto seguido, presté atención. Necesitaba que las palabras fluyeran para abordar el tema de esta noche: el control. El colofón de la clase había sido una plegaria que versaba sobre el control. La oración para la serenidad es una súplica para dilucidar lo que podemos o no podemos controlar. Al pronunciarla, cedemos el control y pedimos a Dios que tome las riendas, que nos «conceda» sabiduría al afrontar nuestras inseguridades. Desterramos nuestras ideas preconcebidas, nuestras ilusiones de tener el control. Reconocemos que, de hecho, carecemos de poder sobre la gente, los lugares y las cosas. Nuestros obstáculos son fruto de nuestro intento de asumir el control. La voluntad se convierte en una prioridad cuando luchamos por alcanzar los resultados deseados. A veces el mundo coopera con nuestro propósito, lo cual crea la falsa idea de que tenemos el poder. A menudo, sin embargo, el mundo no accede a nuestros deseos y nos frustramos. ¿Dónde está nuestro control?

No tenemos el control. En el trato con la gente siempre está presente el molesto factor del libre albedrío. Nuestro ser amado puede enamorarse de otra persona y el hecho de desear lo contrario en lo más profundo de nuestro ser no cambia las desafortunadas circunstancias.

Asimismo, los acontecimientos parecen tener voluntad propia. Abrigamos el deseo de un determinado resultado. Lo anhelamos con toda el alma y —¡anda!—, el resultado no responde a nuestros deseos. Los acontecimientos se producen sin ninguna consideración a nuestras preferencias. Puede que, una vez más, el libre albedrío entre en juego cuando la gente actúa en contra de nuestros deseos, desencadenando acontecimientos que se hallan fuera de nuestro control.

¿Y qué ocurre? Que nuestras ilusiones se truncan. Una vez más, perdemos el control. Privados de nuestros deseos, nos enojamos, incluso nos volvemos vengativos. Luchamos contra las circunstancias, con la esperanza de que cambien. Cuando este cambio no se produce, nos sentimos extenuados.

Todos nosotros, en ocasiones, abrigamos la ilusión de tener el control. Cuando las personas y los acontecimientos se ponen de nuestra parte, nos alzamos victoriosos. Pero ¿qué sucede después? Que al menor paso en falso perdemos totalmente el control. Ni todo nuestro empeño ni nuestra voluntad lograrán volver las tornas. Nos convendría rendirnos ante la marcha de los acontecimientos, pero la rendición no es tarea fácil. En vez de eso, presos de situaciones que no tenemos potestad para cambiar, seguimos bregando.

Nuestro ser amado quiere a otra persona; nuestra inversión resulta ser un desatino; nos sobreviene una enfermedad; sufrimos un accidente. Todas estas circunstancias se hallan fuera de nuestro control. ¿No hay salida?

La salida consiste en rendirse, en fluir con los acontecimientos tal y como se desarrollan. Los exalcohólicos encomiendan «su voluntad y sus vidas» a un poder superior. Persiguen alinear su voluntad con la de Dios. Cuando las circunstancias corren en contra de sus deseos, se recuerdan a sí mismos que han hecho un trato: Dios provee. Para los laicos esto es una postura radical, pero efectiva. Cuando se rinden al destino, el bien entra en juego. La gracia divina entra en escena. Se dan cuenta de que su empeño en controlar es en vano, de modo que tratan de asumirlo. Y la aceptación es la clave para sentirse a gusto sin tener el control.

Nos rendimos y aceptamos. ¿Y qué ocurre entonces? Que experimentamos un caudal de gracia divina. Alineamos nuestra voluntad con los designios del universo e —incluso en el caso de los más hastiados— se despierta nuestra curiosidad. «Pero ¿qué pasa aquí?», nos preguntamos en vista de los acontecimientos inesperados —fortuitos— que se producen. La desgracia de hoy resulta ser la oportunidad del mañana. El nefasto suceso tiene un lado bueno. Al renunciar al control, nos damos cuenta de que se nos guía: tomamos rumbos insospechados. Una vez más, el universo parece ser benévolo. De pronto percibimos nuestro empeño por controlar como algo contraproducente. Y, por lo tanto, con la sabiduría que la aparente adversidad nos aporta, podemos entonar con convicción la oración para la serenidad. Constatamos que se nos puede conceder «serenidad para aceptar las cosas que no podemos cambiar, valor para cambiar aquellas que somos capaces de cambiar y —por encima de todo— sabiduría para reconocer la diferencia».

«Me pregunto si la nieve ama los árboles y los campos, a los que besa con tanta dulzura. Y luego los cubre cómodamente, ya sabes, con una colcha blanca; y tal vez diga: "Iros a dormir, queridos, hasta que vuelva el verano"».

Lewis Carroll

PEDIR ORIENTACIÓN POR ESCRITO

Completa las siguientes frases:

1. Ojalá pudiera controlar…
2. Algo que no puedo cambiar es…
3. Algo que he de aceptar es…

A continuación pregunta a la voz que te guía qué necesitas saber acerca del asunto que te resulta imposible controlar. ¿Qué enseñanza recibes? ¿Te infunde paz?

Guiados en todo momento

«Y luego, tengo la naturaleza, el arte y la poesía. Si eso no es suficiente, ¿qué lo es?».

VINCENT VAN GOGH

Como mañana por la tarde tengo una clase, esta noche me embarga la ansiedad. Es la segunda que imparto sobre mi nuevo libro de oraciones y me he pasado la semana preparándome: leyendo y releyendo los capítulos correspondientes y haciendo no un resumen, sino dos, ninguno de los cuales es «lo bastante bueno». La ansiedad me acompaña habitualmente en mi docencia. Llamo a mis amigos para que recen por mí y, por suerte, no me fallan.

«Yo, encantada», me dice Scottie, que quema incienso por mí. Jennifer me envuelve en un «halo blanco», invocando un escudo protector y alegría. Jacob Nordby apela a los ángeles, seres poderosos que velan por mi bienestar. Nick Kapustinsky centra sus buenas intenciones en mí. Laura Leddy y mi hija, Domenica, pronuncian un popurrí de oraciones. Julianna McCarthy me visualiza sentada junto a su fuego sanador. Incluso con todas estas plegarias por mí, sucumbo a la ansiedad. Añado mis propias oraciones para rogar que se disipe mi temor. Y, sin embargo, a pesar de ello, la ansiedad persiste. No desaparecerá hasta que comience la clase y, entonces, experimentaré la calma.

«Es el pánico escénico», afirma Julianna.

«Claro que es el pánico escénico», corrobora Nick. Como actor, lo mismo que le sucede a Julianna, el «pavor» se apodera de él. Una vez que comienza la función, se desenvuelve estupendamente, como yo una vez que entro en materia.

Me considero afortunada de que mis amigos empaticen con mi estado de ansiedad. En vez de decir: «Pero si ya llevas infinidad de clases a tu espalda», reconocen que cada compromiso es diferente: la primera vez ante *ese* público.

Mi ansiedad me genera hartazgo. Me altera el sueño la noche anterior a la clase. A menudo me asaltan pesadillas, espantosos sueños en los que soy incapaz de dar clase, sueños en los que los alumnos no me oyen o yo no los oigo a ellos. Los días en los que tengo un compromiso de enseñanza me despierto de madrugada, con la necesidad de dar un último repaso a mis resúmenes.

«Eres valiente», me dice Julianna, y es cierto que hace falta valor para ponerse delante de una clase —a menudo numerosa— a enseñar. Yo confío en mi intuición para que me indique: «A continuación esto». A veces las pautas marcan direcciones inesperadas. «Comienza la clase con poesía y canto». Así pues, inicio la clase según se me indica, con poesía y canciones.

«Creo firmemente que la naturaleza puede brindar consuelo a todos los que sufren».

Anne Frank

«Haz rondas de preguntas y respuestas», se me insta a menudo, a superar el miedo a «¿Y si desconozco la respuesta?». En el ecuador de la clase me da por improvisar, por desviarme de mi cuidadoso esquema. Me arriesgo a tomar nuevos derroteros. De pronto se me ocurre una idea y pido a los alumnos que «rellenen el hueco en blanco». A estas alturas, la clase ha arrancado y la ansiedad que me embargaba me parece irrisoria. Noto que me siento fuerte, que estoy en mi elemento. A toro pasado, reconozco que mi compromiso de enseñanza fue el designio de Dios para mí. A lo mejor la próxima vez no sucumbo a la ansiedad.

Hace una noche cristalina. La puesta de sol crea lazos de colores. Un buen día toca a su fin. He impartido una clase que ha ido bien; los alumnos quedaron satisfechos. Les transmití un mensaje de esperanza. El tema era «oraciones de petición», y expliqué que tenemos capacidad para confiar en un Dios benévolo. Que, al pedir por nuestros anhelos y necesidades, podemos albergar la expectativa de que Dios atenderá a nuestras súplicas o nos concederá un bien mayor. Mirando en retrospectiva, la voluntad divina siempre es magnánima. Y esa fue mi enseñanza.

«Acompásate al ritmo de la naturaleza: su secreto es la paciencia».

Ralph Waldo Emerson

En el transcurso de la clase noté la plena atención de los alumnos. Hablé sobre la necesidad de creer en la benevolencia divina, sobre la necesidad de desterrar la idea de un Dios autoritario en aras de un Dios amoroso. Lancé la pregunta de cómo hacerlo y di la respuesta: empieza enumerando los rasgos negativos que a tu modo de ver caracterizan a Dios. Después enumera las cualidades positivas que desearías encontrar en tu poder superior. Al especificar los atributos positivos, poco a poco llegamos a darlos por sentado. Empezamos a contemplar la posibilidad de que Dios es benévolo: amable, comprensivo, amoroso. Este nuevo Dios vela por nuestros mejores intereses. Ante una oración de petición, este Dios mira por nuestro bienestar. Se nos concede lo que necesitamos, que quizá no sea lo que queremos, sino que de hecho es un bien mayor.

Es emocionante transmitir enseñanzas sobre un Dios benevolente. Todo ser humano alberga en el fondo de su corazón el anhelo de la existencia de un Dios así. Al afirmar que de hecho esa es la naturaleza divina, yo misma me siento feliz. Estoy, al fin y al cabo, dando una buena noticia y mis alumnos se alegran de recibirla. «Confiad en un Dios benévolo», les digo, y mis palabras crean alquimia. Las ideas negativas que albergaban comienzan a desvanecerse. Transmitirles la verdad acerca de la naturaleza divina es una medicina poderosa, la cual sana las heridas que sufrían.

Es dañino creer en un Dios inmisericorde. Hasta se nos encoge el alma ante esta idea. Si somos incapaces de creer en la verdadera naturaleza de Dios, nos duele en lo más hondo. Si somos incapaces de concebir que Dios es puro amor, entonces nos resulta imposible considerarnos dignos de ser amados. La creencia de no ser merecedores de amor nos hace sufrir. Un Dios inmisericorde domina nuestro ser y nuestro destino. Ante eso, nos sumimos en la desesperanza.

¿Hasta qué punto cambiamos al replantearnos el concepto de Dios? Un Dios amoroso es un gran motivo para imbuirnos de optimismo. La voluntad personal y la divina dejan de estar en polos opuestos. «Que mi voluntad sea la tuya», rogamos, y, al procurar alinear nuestra voluntad con la de un Dios generoso, experimentamos la sensación de que todo encaja. Cuando deja de ser un adversario, experimentamos la sensación de unidad. Nuestras esperanzas y nuestros deseos dejan de ser motivos para avergonzarnos y se convierten en una bendición de Dios.

Al poner nuestros sueños a merced de un Dios benévolo, llegamos a concebir la rendición desde una perspectiva positiva. Aceptamos nuestra suerte como seres amados por Dios. Suscribimos la profunda creencia en nuestra bondad innata. Nuestros sueños son fruto de Dios, que tiene el poder de hacerlos realidad.

Cuando nos rendimos a los tiempos que marca Dios, experimentamos la fe de una manera activa. Vislumbramos esperanza en nuestra rendición. Cada «mañana» brinda la posibilidad de un día mejor. Abandonamos el apremio y nos embarga la paz. El aceptar la vida tal y como se presenta resulta ser el pilar de una existencia más feliz. Al confiar en que Dios vela por nuestros intereses, nos entregamos a la manifiesta voluntad divina. Nuestra aceptación de las circunstancias tal y como son permite que la mano de Dios intervenga con libertad en nuestras vidas. Y, cuando Dios interviene en nuestras vidas, nos reporta alegría.

«Un ser humano [...] se experimenta a sí mismo, sus pensamientos y sentimientos como algo separado del resto, una especie de ilusión óptica de su consciencia. Esforzarse en liberarse de esta ilusión es el tema central de la verdadera religión».

Albert Einstein

El anochecer se tiñe de negro azabache; no hay rastro de la luna. Las estrellas titilan en el firmamento. Un buen día toca a su fin. Me encanta la docencia y me encanta enseñar lo que estoy enseñando. Dios es benévolo. Podemos dar por sentado este hecho indiscutible.

Pedir orientación por escrito

Bolígrafo en mano, describe una situación que te provoque ansiedad o que te resulte difícil de gestionar. ¿Puedes pedir consejo en tiempo real la próxima vez que te encuentres en esa tesitura? Yo suelo hacer una pausa y prestar atención para tener claro cómo proceder. La próxima vez que te enfrentes a una situación complicada prueba a pedir orientación «paso a paso». ¿De qué modo afecta eso a tu experiencia, tu claridad mental y tus actos? ¿Sientes el respaldo de una energía benévola?

El poder de la gratitud

«Sabemos que Dios está en todas partes, pero ciertamente sentimos más su presencia cuando sus obras se despliegan ante nosotros en la escala más grandiosa; y es en el cielo nocturno despejado, en el que sus mundos giran en su curso silencioso, donde leemos más claramente su infinitud, su omnipotencia, su omnipresencia».

Charlotte Brontë

El cielo es una bóveda de un azul intenso. Las montañas se perfilan con un nítido y marcado contraste. Hace una temperatura agradable, ni frío ni calor. Lily, repantigada en el porche, disfruta del radiante día, tranquila y plácidamente. Tras las inclemencias de los últimos días, la belleza de hoy invita al sosiego, lo cual es un motivo para la gratitud. «El tiempo», escribo, enumerando mis agradecimientos. El tiempo es lo primero. Después anoto: «Me siento agradecida por mi estado sobrio». Han pasado cuarenta años desde mi último exceso. A lo largo de ese tiempo, mi sobriedad ha sido una constante, un firme pilar para una vida feliz y provechosa.

Mi lista de agradecimientos continúa: «Mi salud». Con setenta y dos años se me bendice con una salud de hierro; salvo por algún dolor de espalda puntual, estoy como una rosa. Todo mi círculo de amistades sufre dolencias de las que yo me he librado. Mientras escribo esto, Daniel está hospitalizado con neumonía, después de haber superado una cirugía invasiva por su cáncer. Su esposa, Lucinda, no se separa de su lecho.

En su lista de agradecimientos figura «la supervivencia de Daniel».

Yo rezo a diario por un par de conocidos míos, Dusty y Arnold. Dusty padece alzhéimer y Arnold tiene cáncer de pulmón. Ruego para que reciban «todo lo bueno, todas las bendiciones, todo cuanto necesiten». Mis oraciones son constantes, más que el deterioro de su salud.

Y, por lo tanto, cuando menciono «mi salud» en la lista de agradecimientos, tengo presentes las enfermedades de las que me he librado hasta la fecha. ¿Qué es un dolor de espalda comparado con un cáncer?

«Mi hogar», escribo a renglón seguido, contemplando mi acogedor entorno, fresco en verano, cálido en invierno: una delicia. La chimenea, que preside la sala de estar, imprime un agradable reflejo. Mis láminas de Audubon, recuerdos de la pasión de mi padre por las aves, decoran las paredes.

«Lily, mi perrita» figura a continuación en la lista, aunque quizá debería ostentar una posición más preeminente. A sus siete años y en perfecto estado de salud, es una alegre compañera. Pienso en Louie, el perro de mi amigo Todd, que con la misma edad que Lily padece cáncer. Todd está pendiente de él, viviendo el día a día, suministrándole con buen juicio calmantes. Sí, me siento agradecida por la vitalidad de mi perrita.

Pero ¿qué es esto? Mi lista de agradecimientos es un batiburrillo. Mi hija y mi nieta hacen acto de presencia, lo mismo que mi querida amiga Emma Lively. Después de ellas tengo una lista de amigos que se han ganado el lugar que ocupan gracias a su lealtad y veteranía. Pongamos por caso a Gerard, un amigo íntimo desde hace cincuenta y dos años, tranquilo, estable, perspicaz, insustituible por su sensatez y templanza. Sí, siento gratitud por mis amigos.

«A ojos del hombre con imaginación, la naturaleza es la imaginación misma».

WILLIAM BLAKE

Mi lista de agradecimientos pasa de diez a más de veinte. Al apuntar cada entrada, me viene otra a la cabeza. Menciono mi pelo, mi piel, mis extremidades…, mis ojos, mi nariz, mi boca. Y también tengo unas manos bonitas por las cuales me siento agradecida. Partiendo de unos cuantos agradecimientos, contemplo la posibilidad de un centenar. Y, mientras enumero, se me levanta el ánimo. Mi amiga Jennifer siempre me aconseja: «Haz una lista de agradecimientos. Eso combate la depresión». Y, en efecto, así es. Apunto mi pino piñonero, que se mece suavemente con el viento. Apunto los cuervos, los halcones, los coyotes… todos los habitantes de mis dominios.

Al caer la noche, la tierra se enfría; hace una temperatura agradable para dormir, por lo cual doy gracias. El día toca a su fin con un broche de oro. La gratitud tiñe de color mis percepciones. Hay muchísimas cosas por las que sentirse agradecido. Mi lista continúa creciendo hasta abarcar todos los aspectos de mi vida. Como Jennifer bien dijo, la gratitud combate la depresión: esta se minimiza y esa circunstancia se convierte en un motivo más para la gratitud. Recibo la luna que se eleva sobre las montañas con el corazón colmado de gratitud. Su belleza me alegra el alma. La voz que me guía me instó a escribir sobre la gratitud. He obedecido y, como resultado de ello, me embarga la dicha. «La gratitud te beneficia», manifestó la voz que me guía. Y he constatado que es cierto.

«El cielo está bajo nuestros pies tanto como sobre nuestras cabezas».

HENRY DAVID THOREAU

El crepúsculo tiñe el cielo de lila. Las montañas, con una tonalidad púrpura, se alzan imponentes y majestuosas. La luna asciende sobre las cumbres. Esta noche reina la calma. «Gracias, Señor —rezo— por el buen día de hoy». Recibí noticias inesperadas sobre la venta de un libro. La voz que me guía proclamó: «Hacia ti fluye mucho bien», y me pregunté si el «bien» era dinero contante y sonante. A lo mejor.

El día ha sido pródigo no solo en términos monetarios. A medida que transcurría la jornada, comprobé que una de mis plegarias había tenido respuesta. Anoche me dormí tarde, a las dos de la madrugada, y pedí aguante para sobrellevar el día. La respuesta a mi ruego fue un aluvión de energía. Leí y resumí un largo capítulo del libro de oraciones sobre el que estaba impartiendo clases. El resumen se articuló con rapidez y eficiencia: recé para que se me guiara y se me guio.

El título del capítulo que tenía entre manos era «Oraciones de gratitud». Mientras repasaba el texto, punto por punto, noté que mi propia gratitud aumentaba. Para empezar, era preciso dar gracias por la belleza que alberga la naturaleza: los cuervos, los halcones, los pequeños pájaros cantores... Cada uno posee una belleza única. Las altísimas montañas, las nubes que pasan deprisa, ¡qué bonitas! Y seguidamente expresar nuestra gratitud por cosas más prosaicas: nuestra salud, nuestro hogar, nuestros animales de compañía, nuestros amigos... Al enumerar las bendiciones, estas se multiplican. Una lista que reúne diez agradecimientos enseguida se queda muy corta, pues nuestra gratitud aumenta sin cesar. Yo me siento agradecida por mi pino piñonero, que se alza frondoso con independencia del clima.

Cuando terminé el resumen, le dije a Nick: «Saquemos a Lily a pasear». Así pues, nos encaminamos cuesta arriba por la pista de tierra. Hacía una tarde fresca y Lily iba correteando por delante hasta el tope de su correa. Atrás quedó el calor estival, que la hacía jadear. Atrás quedaron también las lagartijas del verano, que la tentaban a emprender su alegre persecución. El otoño se notaba en el aire. Susurré una oración de gratitud: «Gracias, Señor, por el fresco». Tras meses de calor, era un alivio digno de agradecer.

En el camino de vuelta, Lily no dejó de tirar de la correa, tan ansiosa por llegar a casa como lo había estado por salir. Nick le daba tironcitos de la correa —«Más despacio»—, y ella, a regañadientes, obedecía. Cuando abrimos la verja del jardín, de pronto se apuntaló con las patas; se mostraba remisa a entrar por si quedara alguna lagartija a la vista para lanzarse a por ella. «Por aquí, bonita», le dijo Nick en tono persuasorio.

Una vez dentro, reflexioné sobre los acontecimientos del día. Me había cundido la lectura y el resumen. Mi aguante fue una grata sorpresa. «Gracias, Señor», musité, y me acomodé en el sofá de dos plazas para contemplar la tonalidad lila del cielo. El crepúsculo era hermoso y había tenido un buen día.

«Camina como si estuvieras besando la tierra con los pies».

THÍCH NHẤT HẠNH

Una fuerte brisa movía las ramas del pino piñonero. Hacía una tarde fresca y Lily avanzaba con brío durante el paseo. No había ni rastro de lagartijas; Lily, que tiraba con ímpetu de la correa, sin detenerse en sus persecuciones, parecía haberse olvidado de ellas.

—¡Mira! ¡El arcoíris! —exclamó Nick, al tiempo que señalaba hacia las montañas, donde había aparecido un colorido arco—. ¡Y mira ahí! —dijo, apuntando ahora hacia una hilera de pájaros posados sobre un cable del tendido eléctrico.

—¿Qué buen ojo!

Yo disfruto con la atenta atención de Nick. Hace que las caminatas diarias sean una aventura.

—Por aquí, Lily —dije en tono cantarín a mi perrita, que iba caminando al trote con brío. ¿Se habría percatado del arcoíris? Se detuvo en seco bajo el cable de alta tensión con la hilera de pájaros—. Por aquí, pequeña —la insté.

Con renuencia, obedeció. Al fin y al cabo, a semejante altura, los pájaros estaban fuera de su alcance, eran un tentempié poco probable.

De vuelta en casa le esperaban premios, galletitas crujientes con sabor a hígado, sus favoritas. Nick cogió un puñado y se las lanzó una a una. El timbre del teléfono interrumpió el juego. La llamada era de Jennifer, desde el soleado sur de Florida.

—¿Cómo estás? —preguntó sin aliento.

—Estoy bien. Nick y yo hemos visto el arcoíris hoy.

El teléfono sonó de nuevo.

—Soy yo, Ezra —anunció mi amigo el artista Ezra Hubbard—. Estoy en tu jardín. Traigo una ristra de guindillas rojas. Necesito un clavo.

Al abrir la puerta, me encontré a un Ezra muy sonriente que sostenía contra el pecho una ristra de guindillas de casi un metro de largo.

—Para ti —dijo—. Espera, deja que la cuelgue.

Localizó un clavo en el porche, donde daba el sol de la tarde, y enganchó el colorido obsequio. Las ristras son caras, y el regalo de Ezra era un derroche.

—Y te he traído otra cosa: una tarta de frutos del bosque elaborada por los menonitas de Colorado.

—Ezra, me estás malcriando— protesté, al tiempo que cogía la tarta.

Lo invité a pasar e inmediatamente elogió el interior de la casa, recién pintada.

—Me encanta. Con estos colores, ahora es realmente tu casa.

«Cultiva el hábito de ser agradecido por cada cosa buena que te sucede, y de dar gracias constantemente. Y como todas las cosas han contribuido a tu avance, deberías incluirlas en tu gratitud».

Wallace D. Wattles

Nos sentamos a la mesa del comedor, donde devoramos con fruición sendos trozos de tarta.

—¡Está deliciosa! —exclamé, y acto seguido me serví otra porción.

Noté el subidón de azúcar en el organismo. Por regla general evito los dulces, pero la tarta de los menonitas era irresistible.

—Cuánto me alegro de que hayas venido, Ezra —comenté.

A sus cuarenta y seis años, es un hombre esbelto y apuesto. Nos conocemos desde que Ezra tenía dieciséis, en plena juventud. Actualmente reside en Florida y su visita fue inesperada.

—¿Cómo va el trabajo? —le pregunté.

—Ah, bien. Ahora tengo un mentor, un artista mayor, y me lleva por el buen camino.

—Es bueno que tengas a un hombre mayor en tu vida.

—Sí —convino.

Hijo de madre soltera y criado sin padre, Ezra todavía ansiaba una figura paterna, y ahora la tenía.

En su reloj sonó una tenue alarma.

—¡Uy! ¡Me tengo que ir!

—¿Ya? —Habría pasado con él horas y horas.

—Me temo que sí. Que disfrutes del resto de la tarta.

—Oh, ya lo creo.

Dicho esto, lo acompañé a la puerta y nos despedimos. Había anochecido y Lily estaba lista para su comida vespertina.

—Toma, pequeña —le dije con voz melosa—. La cena.

Pedir orientación por escrito

Cuando identificamos y enumeramos nuestros agradecimientos, da la impresión de que se multiplican. Al abrirnos para apreciar lo bueno, nos llegan más bondades. Coge un bolígrafo y completa rápidamente las siguientes frases:

1. Me siento agradecido por...
2. Me siento agradecido por...
3. Me siento agradecido por...
4. Me siento agradecido por...
5. Me siento agradecido por...
6. Me siento agradecido por...
7. Me siento agradecido por...
8. Me siento agradecido por...
9. Me siento agradecido por...
10. Me siento agradecido por...
11. Me siento agradecido por...
12. Me siento agradecido por...
13. Me siento agradecido por...
14. Me siento agradecido por...
15. Me siento agradecido por...
16. Me siento agradecido por...
17. Me siento agradecido por...
18. Me siento agradecido por...
19. Me siento agradecido por...
20. Me siento especialmente agradecido por...

«Reconocer lo bueno que hay en tu vida es el fundamento de toda abundancia».

Eckhart Tolle

«Que la gratitud sea la almohada sobre la que te arrodillas para rezar tus oraciones nocturnas y la fe el puente que pasa por encima de la maldad para darle entrada a lo bueno».

Maya Angelou

SEMANA

6

Cultivar el compromiso

En esta última semana aprenderás a valorar la perseverancia. Profundizarás en tu práctica de pedir orientación por escrito y, con suerte, te comprometerás a mantener este hábito a largo plazo. A estas alturas es posible que la voz que te guía te parezca algo natural, que hayas tenido las suficientes experiencias como para convencerte de que, de hecho, no es cosa de tu imaginación y de que se trata de una valiosa herramienta que puedes utilizar en todos los ámbitos de tu vida. La orientación te aporta un valioso equilibrio a nivel mental, físico y emocional. La sencilla pregunta «¿Y ahora qué?» contribuye a establecer el orden de nuestras prioridades. Los mensajes nos indican el paso correcto que debemos dar a continuación. Así pues, ¿y ahora qué? Pregunta a la voz que te guía.

La oración

El viento sopla a cien kilómetros por hora. La temperatura ha caído en picado por debajo de los 5 °C. Hay previsión de lluvia al anochecer y por lo visto continuará durante los dos próximos días. Con el apagón que he sufrido en casa, los aparatos de aire acondicionado no funcionan, aunque esta noche no los necesitaré. Si acaso, hará demasiado frío.

Mi amiga Scottie me telefonea desde San Diego, donde la temperatura es de 27 °C. Ella consulta el pronóstico del tiempo de Santa Fe. Quiere advertirme de la ola de frío que se avecina y de las turbulencias del tiempo que se prevén. Mira por mi bienestar. «Quemaré incienso por ti —me dice—. Para que haga buen tiempo en tu zona y por tu escritura». Le agradezco su preocupación. Sienta bien que cuiden de una. Está oscureciendo rápidamente, y, al echar un último vistazo al cielo, veo nubes de tormenta.

Aparte de la meteorología, el día ha sido turbulento. He releído mi libro de oraciones, con el fin de prepararme la clase del próximo domingo. Los capítulos que he repasado versaban sobre oraciones de petición, de súplicas a Dios para que nos conceda lo que anhelamos, en la confianza de su benevolencia y generosidad. Las oraciones de petición requieren osadía; nos quedamos al desnudo ante nuestro creador para que interceda por nosotros. Dios tiene tres respuestas: sí, no y ahora no. Al rezar, abrigamos la esperanza de que sea afirmativa. La negativa o la demora divina exigen aceptación y comprensión por nuestra parte. La sabiduría de la respuesta divina a menudo se revela posteriormente, mirando en retrospectiva con introspección.

> «Cada cual ha de encontrar la paz en su interior. Y, para que la paz sea verdadera, no deben afectarle las circunstancias externas».
>
> MAHATMA GANDHI

Mientras leía acerca de las oraciones de petición, me sentí vulnerable, como si estuviese rezando en vez de leyendo sin más. El Todopoderoso es el dador de toda bendición. Cuando pedimos un deseo, reconocemos que con su plena potestad divina es capaz de conceder —o no— nuestros más profundos anhelos. Y, si no atiende a nuestras súplicas, la ira o, en el mejor de los casos, la frustración, se apodera de nosotros. Es preciso tener presente la sabiduría y la benevolencia divinas. Es preciso tener la firme convicción de que Dios es misericordioso en todo momento.

Mientras repasaba el capítulo que había escrito, me recordé a mí misma que mi intención a la hora de abordar el tema de la oración era hacer que las plegarias resultaran más fáciles, menos desafiantes de lo que por lo general parecen. Es humano y comprensible pronunciar oraciones de petición, escribí. Ponemos nuestros ruegos a los pies de un Dios compasivo. Ese Dios es conocedor de los secretos que albergamos en el corazón.

«Por favor, vela por mí en la tormenta», ruego a Dios ahora, mientras cae la noche y las primeras gotas de lluvia salpican las ventanas. Mi amigo Scott Thomas me telefonea para decirme que la tormenta está azotando su casa y pregunta si también la mía. Lo pongo al corriente del apagón, que afortunadamente ha sido momentáneo.

—Entonces ¿no estás a oscuras? —pregunta.

—No. Estoy bien. Y tengo linternas y velas —digo, para que se quede tranquilo.

—Solo he llamado para saber qué tal estás —comenta, y siento la calidez de su afecto y preocupación por mí.

Vivo sola, y las llamadas de mis amigos evitan que me sienta aislada.

Emma Lively me telefonea para decirme:

—Solo he llamado para saber qué tal estás. —Está pendiente de mi bienestar—. ¿Has bebido suficiente agua hoy? —pregunta.

—Voy a beber un poco ahora mismo —le prometo y comento que están cayendo cortinas de lluvia que empapan los rescoldos del incendio de la semana pasada.

—Te tengo presente en mis oraciones.

Yo siento sus buenos deseos.

Las ventanas y el tubo de la chimenea se traquetean con la tormenta. Ruego a Dios, una vez más, con tal de llamar su atención: «Por favor, Señor, vela por mí y por mi perrita». Experimento la calma de una plegaria atendida.

La primera semana de septiembre, al despertarme descubrí que había nevado de madrugada. Un manto de nieve cubría el pino piñonero. El jardín resplandecía con varios centímetros de nieve. La niebla creaba un tupido velo sobre las montañas, pues continuaba nevando sobre las laderas.

—¡Maldita sea! —resoplé, recibiendo la nevada con consternación.

El invierno pasado fue largo y desapacible. No estaba preparada para otra estación inclemente.

«Estoy triste y consternada», escribí en mis páginas matutinas. Anhelaba empatía con mi abatimiento. ¿A quién podía llamar? Me decidí por Scottie, que vive en el soleado San Diego, pero resultó ser una mala elección. Cuando me lamenté de la prematura nieve, ella, lejos de mostrarse empática, exclamó en tono cantarín: «¡Disfruta de la belleza!».

«Solo aquel que ensaya lo absurdo es capaz de conquistar lo imposible».

Miguel de Unamuno

Seguidamente probé con Jennifer, que reside en el sur de Florida. Ella se mostró más comprensiva. «Pasará», afirmó, y lo cierto es que me consoló el hecho de plantearme la nieve como una anomalía pasajera, no como el preludio de más nevadas y frío.

«Es un frente frío pasajero», afirmó mi vecina Michele Warsa, para recalcar el hecho de que el buen tiempo no tardaría en volver. «Pasajero» implicaba rapidez. Pronto dejaría de nevar. Era su cumpleaños y no se lamentó por el tiempo. ¿Era una optimista sin remedio o recibía con agrado el invierno a pesar de haberse acortado el otoño?

El día seguía encapotado. La niebla se espesó. Al anochecer hubo un repiqueteo de truenos y, en vez de nevar, llovió: la humedad y el frío del ambiente eran desagradables. A medida que la temperatura descendía con el crepúsculo, la lluvia se convirtió en cellisca. El mundo empezó a tornarse blanco de nuevo. «Disfruta de la belleza», me reconvine a mí misma haciéndome eco de las palabras de Scottie. Llamé a mi amigo Scott Bercu, oriundo de Nueva York.

—¡Ha nevado! —exclamé a voz en grito—. Está nevando.

—Eso he oído —respondió Scott—. ¿Un invierno prematuro?

—Espero que no. El año pasado fue duro y abrigaba la esperanza de que este año el tiempo fuera benigno.

—Es algo que escapa a nuestro control —manifestó Scott en tono circunspecto.

—Llevo todo el día batallando con Dios —comenté.

—Mañana hará mejor día —prometió Scott.

—Dios te oiga —respondí.

Enseguida cayó la noche, negra como el azabache. La niebla ocultó la luna. Una larga tronada anunció que la tormenta no cesaría. Según el parte meteorológico, continuaría cayendo aguanieve; el tiempo mejoraría para el fin de semana, no antes.

«Recuerda que el esfuerzo que hacemos en lograr algo hermoso nunca es en vano».

Hellen Keller

Al pedir orientación, se me transmite que trate el tema del descanso y la relajación, de modo que lo haré. Cuando busco orientación, encuentro que me llega con más facilidad si estoy descansada y relajada. Así pues, hoy oigo: «Habla acerca de la placidez».

Como si notara mi alivio, Lily se repantiga con languidez sobre las frescas losas. He descubierto que su percepción extrasensorial es extraordinaria: cuando me encuentro ansiosa, ella está ansiosa; cuando me encuentro tranquila, como ahora, ella está tranquila. Cada noche pido orientación y, si estoy tranquila, me llega enseguida: «Todo está bien». Me atrevería a decir que la calma es un requisito para la efectividad de la oración.

«Hemos de mantener el optimismo —sostiene Scott Thomas, que me telefonea todas las noches y predica con el ejemplo—. La negatividad lo único que hace es alimentar más negatividad, y hemos de evitarlo». El tono de voz de Scott es sereno y firme. Él reza a diario a sus antepasados para recibir orientación y sus oraciones se ven recompensadas cuando le marcan el rumbo del día a día. «Hoy ha habido bruma —comenta—. Las montañas estaban neblinosas». Su tono denota cierta preocupación. Su parte telefónico vespertino informa de una jornada productiva. La voz que lo guía potencia su rendimiento. Su serenidad le permite centrarse. Todo está bien para él siempre y cuando realice sus rituales lakota diarios, en los que ruega a sus ancestros y estos miran por él. La orientación le llega con facilidad: es la recompensa por su fidelidad a la oración.

El teléfono suena con estridencia. La llamada es de Laura Leddy, otra practicante serena de la oración diaria.

—¿Cómo estás? —me pregunta—. ¿Cómo van las clases?

—De momento bien —respondo, contenta de que se interese.

—Te tengo presente en mis oraciones —manifiesta. Sé que las plegarias de Laura son poderosas, constantes y serenas.

—Gracias por el refuerzo —le digo, eternamente agradecida por sus oraciones.

Su tono de voz es suave y amable, igual que sus modales.

—Yo siempre rezo por ti con mucho gusto —afirma Laura.

Le doy las gracias de nuevo y ponemos fin a la llamada.

El manto del anochecer oculta las montañas. Me siento agradecida de haber tenido noticias de amigos, de que mis amigos sean devotos. Obedeciendo a la voz que me guía, estoy descansada y relajada. Oigo: «Pequeña, vas por buen camino. Todo está bien». Tranquila y centrada, digo: «Gracias».

«Sigue tu dicha y no temas, pues se abrirán puertas donde no sabías que iban a estar».

JOSEPH CAMPBELL

Pedir orientación por escrito

Completa las siguientes frases:

1. Quisiera pedir a Dios que…
2. Tengo una lucha con Dios sobre…
3. Experimenté una sensación de bienestar cuando…

A continuación pide consejo por escrito sobre estas cuestiones. ¿Qué oyes? ¿Intuyes que los tiempos que marca Dios pueden ser sin duda los momentos más oportunos? ¿Te aporta placidez y gracia divina la conexión con la voz que te guía?

El confort de una red de apoyo

—Solo he llamado para saber qué tal estás —me dice Jennifer—. ¿Todo bien?

—Muy bien —respondo, con la esperanza de que mi tono de voz posea un dejo de optimismo.

—Entonces hablamos mañana —promete antes de colgar.

La llamada y el interés de Jennifer son bienvenidos. Al estar separadas por miles de kilómetros —ella vive en Florida; yo estoy en Nuevo México—, mantener el contacto telefónico es fundamental para nuestra mutua sensación de bienestar. Recientemente Jennifer sufrió una fuerte reacción alérgica a una nueva medicación; le salieron espantosas ronchas que le producían quemazón y picor en la piel. El oír su parte a larga distancia me preocupó, de modo que decidí llamarla dos veces al día, solo para saber qué tal estaba.

Con mis amigos lejos —Andrew en Londres, Emma en Nueva York y Laura en Chicago— hago hincapié en realizar llamadas telefónicas y enviar tarjetas, en todas las cuales pongo: «Te quiero. Te echo de menos». ¿Cómo estás?». Procuro telefonearles, si no todos los días, con frecuencia. La voz que me guía me aconseja: «Sé cariñosa. Sé comunicativa». Y, por lo tanto, lo soy.

«¿Cómo estás?», me pregunta mi querida mentora, Julianna, cuando la llamo para saber qué tal está.

«Bien», respondo, y me siento mejor tras nuestra interacción. Julianna es una presencia constante en mi vida desde hace cuarenta y un años. Ahora que tenemos Zoom, además de oírla, la veo. A sus noventa y un años es, según sus palabras, «un vejestorio», pero su hermoso rostro no deja entrever su edad. Me siento muy agradecida por nuestra comunicación.

«Velo por la salvaguardia de tus seres queridos», asevera la voz que me guía, aunque yo rezo casi todos los días por su salud y bienestar. Me alivia saber, al hablar con Gerard, que avanza «sin prisa, pero sin pausa». Hombre de talante templado, responde a mis llamadas semanales con buen humor. «Le va bien», se me transmite, y el propio Gerard lo corrobora.

Si bien la mayoría de mis amistades se remontan a hace décadas, mi nuevo amigo el escritor Jacob Nordby se ha ganado un hueco en mi corazón. Jacob es un ser sereno y afectuoso, que garantiza mi presencia en sus oraciones. Él reza por mí antes de mis clases o de una entrevista complicada. Me siento agradecida de que interceda por mí a nivel espiritual. La voz que me guía me dice que es un «alma gemela», lo mismo que pienso yo.

«Confía en tu red de apoyo», se me aconseja, y, por consiguiente, eso hago. Mientras escribo acerca de la amistad, pienso en Jeannette, que me repite sin cesar: «No estás sola». Y no lo estoy. Vivo sola, pero, acompañada por los amigos que viven lejos, no estoy aislada. Nuestro amor y lealtad nos conecta, y tanto es así que, cuando Jennifer me telefonea «solo para saber qué tal estoy», respondo con sinceridad: «Muy bien».

«Si la única oración que pronunciaras en toda tu vida fuera "gracias", con eso bastaría».

J. John y Mark Stibbe

El humo de los incendios de California ha llegado hasta Nuevo México. Durante el paseo con Lily me pican los ojos, aunque Nick no nota ninguna molestia. Mientras parpadeo contra el viento, le pregunto cómo está. «Muy bien», asevera indefectiblemente. Paseamos a Lily durante media hora; si el humo le molesta, no da muestras de ello. De vuelta en casa, me siento agradecida por disfrutar de nuevo del delicioso ambiente del aire acondicionado, lejos del humo. Los ojos me escuecen; miro por el ventanal en dirección oeste, donde un sol llameante se está ocultando. El cielo arde con un naranja rojizo. Es debido al humo.

«Todo lo que he visto me enseña a confiar en el Creador por todo lo que no he visto».

Ralph Waldo Emerson

Nada más llegar, el teléfono suena con estridencia. La llamada es de Scott Thomas, que me informa de que ha sido un día largo —e irrespirable—.

—¿Has visto el atardecer? —pregunta—. El humo tiñe de naranja el cielo.

—Sí, lo he visto —respondo—. Y he reparado en ello. Durante el paseo con Lily me picaban los ojos.

—A mí no —señala Scott—. Debe de haber más humo allí arriba.

—Sí, eso creo —convengo.

—Pues ha llegado el otoño. Las hojas del peral se han puesto rojas y doradas.

—Me da pavor el invierno —confieso.

—Válgame Dios. Tienes que apreciar su tranquilidad y belleza.

—Y el frío —rezongo.

—Sí, bueno, en eso tienes razón.

Scott se ríe entre dientes. Se ha resignado al frío inminente. De mutuo acuerdo en la disconformidad con la estación que se acerca, colgamos. Acto seguido, el teléfono suena con estridencia de nuevo. Esta vez la llamada es de Jennifer, interesada en saber qué tal estoy.

—Muy bien —respondo—. Pero me pican los ojos. Hay humo en el ambiente.

—¡No me digas que hay otro incendio! —exclama.

—¡Es el humo de los incendios de California!

—Qué pena. ¿Cómo está Lily?

—Parece que está bien. Da la impresión de que el humo no le ha afectado.

—Pues estupendo. ¿Por qué no te enjuagas los ojos?

—No es mala idea.

—Creo que te aliviaría.

Jennifer, como siempre, es una mina de consejos. Llevo cuatro días usando el rodillo para masajes que me recomendó para la espalda.

«Te cambiará la vida», afirmó, y, después de utilizarlo —un proceso molesto—, mi dolor de espalda se alivia. Así pues, tras recibir de buen grado el pragmatismo de Jennifer, me enjuago los ojos. Tal y como ella anticipaba, me alivia.

—¿Mejor? —pregunta.

—Mejor —respondo.

Ambas colgamos sintiéndonos mejor por su consejo.

Lily se lame las patas. Tal vez el humo se le haya impregnado en el pelo. Se encarama al brazo del sofá de dos plazas, a mi lado. Tiene la respiración profunda y uniforme. Está relajada.

—¿Premio, Lily? —le pregunto, y nos encaminamos a la cocina.

Saco un puñado de galletitas crujientes con sabor a hígado, se las lanzo rodando por el suelo una a una y Lily corre a por ellas.

—A pesar del humo, ha sido un buen día, ¿eh, pequeña?

Cierro la trampilla de Lily, que se queda a buen recaudo para pasar la noche.

Pedir orientación por escrito

Enumera a tres personas alentadoras de tu red de apoyo.

A continuación enumera a tres personas a las que podrías brindar apoyo.

Pregunta a la voz que te guía:

> «La verdad y la mentira sobre la vida no la miden los demás, sino la propia intuición, que nunca miente».
>
> Santosh Kalwar

1. ¿A quién debería acudir en busca de apoyo?
2. ¿A quién debería ofrecer mi apoyo?

Ponte en contacto con estas personas y presta atención a lo que ocurre. ¿Experimentas sincronía o te da la sensación de que entra en juego un poder superior?

Mantener la fe

Hoy he dado una clase y me he desenvuelto bien. El mensaje de la voz que me guía fue claro y preciso: «Comienza la clase con poesías y canciones». Siguiendo sus indicaciones, he leído dos poemas de mi colección «This Earth», y después he cantado una canción del acervo popular, «Time is Like a River». Aunque no podía ver a mis alumnos, sentí su presencia, y desde ahí nos lanzamos a la piscina con cuestiones relativas a oraciones de gratitud: empezando por la belleza del mundo natural, enumeramos nuestras bendiciones. Noté la profunda concentración de los alumnos. El hecho de hacer recuento de las bendiciones elevó la energía del grupo. La tarde pasó volando.

Ahora, tras el atardecer, a medida que cae la noche trae consigo quietud. Los pajarillos revolotean raudos hasta el pino piñonero, para descansar en sus ramas durante la noche. Lily también ha encontrado un rincón donde descansar, hecha un ovillo sobre la colorida alfombra de la sala de estar. Cuando el mundo se aquieta al anochecer, busco orientación sobre los acontecimientos del día.

«En tiempos de destrucción, crea algo».

Maxine Hong Kingston

«Julia, la clase ha ido bien. No hay motivo para el desasosiego. Te has manejado con soltura y has sido útil».

Tal vez sí, pero no siento un ápice de júbilo por una labor bien hecha. Por el contrario, me siento vacía..., exangüe, carente de emoción. A lo mejor estoy cansada. A lo mejor la clase consumió toda mi energía. Cuando me tumbo para descansar, el teléfono suena con estridencia. Grogui, respondo. La llamada es de mi hija, que quiere saber qué tal ha transcurrido la clase de hoy.

—Ha ido bien. Eso es lo que me han dicho tanto Emma como Nick, pero me siento vacía.

—¿Quieres que te dé mi opinión?

—Vale.

—Yo pienso que guarda relación con el desempeño de una tarea. Cuando yo actúo, hay noches en las que después me da un bajón y no tiene nada que ver con la calidad de mi trabajo. Por mucho que la gente alabe mi interpretación, me siento apática, exánime. Eso ocurre.

Agradezco el testimonio de mi hija. Da tintes de normalidad a mi estado de ánimo. Si mi nerviosismo antes de impartir mis enseñanzas no es más que miedo escénico, mi posterior apatía es un bajón que también experimentan los actores. No sé cómo denominarlo, pero forma parte del ciclo vital de la puesta en escena. Aunque no me había planteado la docencia como una interpretación, estaba claro que lo es.

Una vez más, la voz que me guía tiene algo que decir: «Necesitas ayuda para tener una visión general. Hoy intenta confiar en Nick y Emma. Ellos consideran que te desenvolviste bien, y ambos son sinceros. Estás fatigada y tensa. Lo hiciste bien y ahora puedes soltar tu ansiedad».

Cuando la voz que me guía identifica mi estado de ánimo como «ansiedad», caigo en la cuenta de que me encuentro más ansiosa que vacía. Anhelo la confirmación de que la clase fue provechosa sin ningún género de dudas, no insustancial como mis emociones me llevan a pensar. Quizá sea normal el desear sentirse validada, pero mi inseguridad me resulta agotadora. ¿Acaso no debería ser capaz de obviar mis impresiones? Una vez más recurro a la voz que me guía, y oigo: «Julia, eres una perfeccionista y anhelas reafirmarte en que tu clase fue perfecta. Permítete ser humana. Baja el listón. Acepta que la clase se desarrolló bien, bastante bien. Y bastante bien es más que bastante bien».

«Solo los pensamientos que sobrevienen al caminar tienen valor».

Friedrich Nietzsche

Un buen consejo y sabias palabras. ¡Ojalá pudiera aceptarlo! Lily se me acerca, como para consolarme. Todo está bien, me asegura con su presencia. Y, sin lugar a dudas, todo está bien.

Un día más de humo flotando en el viento. Durante el paseo con Lily, los ojos me pican de nuevo. Esta vez acorto nuestra salida. El humo me agobia.

«Solo salí a dar un paseo y finalmente decidí quedarme fuera hasta el atardecer, porque descubrí que salir realmente era adentrarme».

John Muir

A salvo en el interior de la casa, telefoneo a Jennifer, sabiendo que se compadecerá de mi picor de ojos.

—¿Otra vez hay humo? —pregunta.

—Sí —respondo en tono pesaroso.

—¿Tanto como ayer?

—Bastante. Me parece que necesito armarme de paciencia. Seguramente se disipará pronto.

—Dios te oiga —dice Jennifer en tono solemne—. Mientras tanto, enjuágate los ojos y estate pendiente de Lily.

Tras colgar, no le quito ojo a Lily. Parece impasible, aunque quizá algo molesta por nuestro corto paseo. Se repantiga a mi lado sobre el sofá de dos plazas; su presencia me conforta. «Muy bien», le digo.

A continuación, Jacob Nordby me llama desde Boise, en Idaho. Me informa de que la ciudad ya está despejada de humo, tras haber sufrido los mismos estragos que Santa Fe debido al viento procedente del oeste.

—Voy a salir a caminar —anuncia—. La calidad del aire vuelve a ser respirable.

—Aquí todavía se nota el humo —señalo, en un tono cargado de autocompasión.

Jacob empatiza conmigo.

—Espero que se despeje pronto. Me da mucha rabia saber que estás pasándolo mal.

La compasión se filtra a través de la línea telefónica. Jacob es un hombre amable y empático. Me siento agradecida de que se preocupe por mí. Envidiando sus cielos despejados, le deseo una agradable caminata. Aquí, en Santa Fe, el humo me impide salir a caminar.

Seguidamente pregunto por escrito a la voz que me guía: «¿Qué hago con este humo?». Se me dice: «Julia, el humo se disipará. Procura armarte de paciencia. El desasosiego no conduce a ninguna parte. Quédate en casa y evita el humo que arrastra el viento. El cielo no tardará en despejarse una vez más».

Así pues, aleccionada para armarme de paciencia, miro hacia las montañas y descubro que se perfilan con nitidez entre la neblina; el humo se está disipando. Pronto podré salir a estirar las piernas, igual que Jacob. El cielo se despejará en Santa Fe, igual que en Boise.

Una vez más, los pajarillos revolotean raudos hasta los recovecos interiores del pino piñonero. Un cuervo solitario planea en círculos sin llegar a posarse en él. Está anocheciendo. Recibo otra llamada, en esta ocasión de Corey, una amiga íntima. Me comunica con pesar que ha encontrado una bandada de gorriones muertos en su finca. Me pregunto si habrán sido víctimas del humo impregnado en el ambiente. Son seres delicados, de eso no cabe duda. Recuerdo cuando pasé junto al cuerpecillo inerte de un pájaro cantor durante un paseo con Lily. Tenía el pecho rojo y dorado, los colores del sol poniente, como si fuera una diminuta partícula del ocaso que hubiera caído a la tierra. Ahora una media luna asciende sobre las montañas. Tras llamar a Lily para que entre, cierro el pestillo de la trampilla. Es hora de irse a la cama. Tal vez mañana sea un mejor día.

«Caminando… así es como el cuerpo se mide contra la tierra».

Rebecca Solnit

El sol se oculta con lazos de colores. La luna se eleva por el este. Me dispongo a escribir y, al preguntar: «¿Sobre qué escribo?», me llega la respuesta: «Sobre la fe». Se requiere fe para tratar el tema de la fe, para creer que mi pluma será guiada. A pesar de mis años de experiencia trabajando con la intuición, todavía dudo, mantengo la mano vacilante sobre el papel. ¿Qué hay que decir acerca de la fe? Muchísimo.

Otro término para definir la fe es confianza, y la confianza es algo que se cimenta con el paso del tiempo. La voz que me guía me dice: «Se te conduce con prudencia por el buen camino». Así pues, pregunto por escrito: «¿En qué dirección?». Palabra a palabra, pensamiento tras pensamiento, se revela la respuesta. Se me pide que tenga fe en la manifestación de mi propia sabiduría. Se me transmite que la fe es sinónimo de confianza, que a su vez es sinónimo de seguridad en un futuro desconocido.

«Todo está bien», se me transmite, y, por lo tanto, pongo empeño en creer en la benevolencia divina. Hace cuarenta y dos años emprendí una senda espiritual y, pese a mis miedos y dudas, todo ha ido bien absolutamente siempre. Tal vez sea debido al compromiso que contraje. Puse de forma consciente «mi voluntad y mi vida» en «manos de Dios». A pesar de los altibajos, en todo momento he tenido presente mi pacto. En épocas aciagas me he preguntado: «¿Qué me deparará Dios? En resumidas cuentas, he practicado la fe. Mi curiosidad me impulsó a buscar el lado positivo de las cosas y, como no podía ser de otra manera, siempre lo encontré.

A medida que adquiría experiencia, fui cultivando la fe. Dios no me había llevado tan lejos para abandonarme. «No estás desamparada», me prometió la voz que me guía. Estas palabras reconfortantes me infundieron esperanza y esta, a su vez, afianzó mi fe.

Según mi amiga Jeannette, «la voz que nos guía siempre está presente». El confiar en ella supone poner a prueba mi fe, y cultivarla. Me pongo a escribir para pedir orientación y la voz que me guía me asegura: «Se te conduce con prudencia por el buen camino». De nuevo, las palabras me invitan a mantener la fe. Si es innegable que se me guía «con prudencia por el buen camino», ¿qué he de temer?

Mi amiga la difunta Jane Cecil me aconsejaba: «Siempre cabe elegir entre la fe o el miedo. Elige la fe». Así pues, con el tiempo, ejercité un músculo espiritual. Optar por la fe requirió esfuerzo por mi parte, pero la recompensa valió la pena. La fe se convirtió en un hábito, en una respuesta a la vida. Mi fe se afianzó a base de fe. La vida dejó de ser una caída libre: la fe pasó a ser mi paracaídas.

Y, por lo tanto, cuando se me aconseja que escriba acerca de la fe, noto que me insuflo de optimismo. La buena noticia es que está al alcance de todos nosotros. Si bien al principio supone aventurarse en lo desconocido, con la práctica se convierte en una respuesta a la vida fruto de nuestra elección. Nos permite afrontar las aparentes adversidades con ecuanimidad. Si «la fe sin obras está muerta», nos permite obrar y, por consiguiente, cobrar vida. La fe se cimenta y refuerza a base de fe. Llegamos a confiar y depender de ella. Y, por lo tanto, la directriz de abordar el tema de la fe se convierte en una labor que acometo de buen grado. Al fin y al cabo, la fe es una buena noticia. Con la confianza depositada en ella, sin duda se me conduce con prudencia por el buen camino.

Pedir orientación por escrito

Rememora un momento en el que actuaste guiándote por la fe. ¿Cuál fue el resultado?

A continuación empuña un bolígrafo y papel para completar las siguientes frases:

1. Tuve fe cuando…
2. Me vendría bien tener más fe en lo que respecta a…
3. La voz que me guía me insta a tener fe en…

El poder de caminar

«*Solvitur ambulando:* se soluciona caminando».

San Agustín

A media tarde de un día radiante y soleado me pongo en marcha con Lily para su paseo diario. Al abrir la puerta, sale correteando delante de mí por el jardín, tirando de la correa. «Espera, pequeña», le digo, apretando el paso para acompasarlo al suyo. Ella entiende, si no mis palabras, sí mi tono, y aminora el paso. La alcanzo y tiro de la correa hacia la derecha, para subir por la pista de tierra, en dirección al bosquecillo de enebros con su coro de pájaros cantores. Nos dan la bienvenida con su gorjeo conforme nos aproximamos. Más cerca, el sonido se va apagando. Al cruzar el sibilante bosquecillo, nos acercamos a una pradera donde se avistan numerosos ciervos, pero hoy no hay rastro de ellos. Una ardilla solitaria se escabulle rauda por delante de nosotras para refugiarse a toda prisa en un arbusto de flores doradas. La siguiente criatura que aparece es un conejo grande. Lily tira de la correa, pero, como el conejo es más rápido que ella, desiste y se pone a caminar a mi lado con altanería, deprimida por su frustrada persecución.

Distraída con las travesuras de Lily, noto mi enojo

por el hecho de que mi paseo sea menos meditativo que de costumbre. Estoy habituada a caminar para recibir orientación y hoy necesito las respuestas que la caminata puede proporcionarme. Salí preguntándome: «¿Sobre qué escribo?». Iba rumiando esa pregunta mientras Lily me interrumpía con tirones de la correa. Cuando se tranquilizó y acompasó su paso al mío, la pregunta adquirió una gran nitidez y, afortunadamente, con ella llegó la respuesta: «Escribe sobre el caminar».

Caminando, estiro las piernas y la mente. Centrada en mi entorno, vivo en «el ahora». Y es ahí, en el instante presente, donde obtengo las respuestas. Me llegan a través de corazonadas, de la inspiración, de pálpitos. La «pequeña voz interior» cobra fuerza. Paso a paso, avanzando arduamente por un camino de tierra, me interno en reinos más elevados. Tengo la sensación de que algo más grandioso y benévolo rige mi realidad. Ese poder superior me infunde un sentimiento de optimismo y bienestar. En palabras de la escritora Brenda Ueland, también una avezada caminante, «Dios y sus mensajeros» me hablan. Caminando, estoy receptiva a fuerzas superiores. Caminando, cambio mi dial interno de «enviar» a «recibir», y lo que recibo es una sabiduría superior a la mía.

Durante el camino de vuelta, Lily tira de la correa. Tan deseosa como estaba de salir, ahora lo está por llegar a casa. Otra vez acelera el paso y otra vez la freno. Camino lenta y conscientemente. Mi directriz, «Escribe sobre el caminar», ha estimulado mi caudal de pensamientos. Reflexiono sobre ellos mientras abro la verja. Al cruzar el jardín, experimento un sentimiento de satisfacción. Lily se entretiene junto a los rosales. «Vamos, pequeña», la insto, y abro la puerta. Después de todo, nuestro paseo ha sido provechoso.

«Llevaré pantalones de franela blancos y caminaré por la playa».

T. S. Eliot

«¿Camino o cabalgo?
"Cabalga", dijo el placer.
"Camina", repuso la
alegría».

W. H. Davies

La perrita está repantigada sobre el suelo de madera. Le agrada el frescor del aire acondicionado, que penetra por su denso pelaje y le proporciona bienestar a pesar del calor de finales del verano. «Aquí, pequeña», le digo en tono persuasorio, al tiempo que doy palmaditas sobre el hueco que hay a mi lado en el sofá. Ella hace oídos sordos. Se encuentra a gusto tal y como está. Ha cenado y tiene ganas de echar una cabezada. Más tarde, por la noche, será más compasiva. Justo ahora se está perdiendo un espectáculo aéreo. Los cuervos, de un ébano resplandeciente, planean al otro lado de mis ventanas y se posan en el pino piñonero. Contemplo embelesada sus travesuras mientras se balancean con el viento.

Cuando me mudé a Santa Fe hace diez años, mi intención era vivir en la ciudad, para ir a pie a tiendas y cafeterías. Ese plan se fue al traste cuando alquilé mi primera casa, a casi cinco kilómetros de la ciudad, en un bosquecillo de enebros y pinos piñoneros con abundancia de flora y fauna. Descubrí que ansiaba la naturaleza, no la civilización. Y, hace dos años, me mudé de la céntrica plaza de la ciudad a la casa que finalmente compré, una acogedora vivienda de adobe con jardín y vistas a la montaña. Mi nuevo hogar se ubica en un entorno natural con bandadas de cuervos, con tríos de parsimoniosos ciervos. El ventanal de mi sala de estar goza de espléndidas vistas. Por la noche contemplo el ascenso de la luna sobre las montañas.

Mi patio ajardinado está rodeado por un alto muro de adobe, aunque no es disuasorio para ardillas y mapaches. En él crecen iris, lirios y rosas. El solado de piedra ha resultado ser un lugar de disfrute para las lagartijas. Un enebro solitario hace guardia al lado de la casa y, en la esquina del fondo, tres abedules forman un bosquecillo en miniatura.

La casa tiene forma de herradura, en cuyo centro se extiende el jardín. En el porche he colgado la alegre ristra que me regaló el artista Ezra Hubbard. He pintado el interior de colores vivos: lila, aguamarina y caqui.

«¡Oh, me encantan los colores! ¡Qué casa tan bonita!», exclamó la pintora Annie Brody en su reciente visita. Me regaló una gran orquídea morada, para que me hiciera compañía cuando ella se ausentara de la ciudad. La florida planta combina con el lila de las paredes, decoradas con láminas de Audubon, en homenaje a la pasión de mi padre por las aves.

En el pino piñonero que se alza a pocos pasos de la ventana de mi sala de estar se cobijan unos cuantos pajarillos, que anidan en las ramas interiores y dejan las de fuera a los cuervos, apostados como centinelas en guardia. Las tangaras y los pájaros carpinteros a menudo comparten las raíces. Sentada en mi sofá de dos plazas, contemplo a diario un espectáculo aviar.

La parte trasera de la casa está vallada para la pequeña Lily. El muro —de un metro ochenta de altura— es un efectivo elemento disuasorio frente a los coyotes y osos, un refugio seguro para mi perrita. A veces, de noche, los coyotes merodean por el perímetro; Lily responde a sus sobrecogedores aullidos con un ladrido temeroso. Durante la época de los osos, los vecinos nos avisamos los unos a los otros. «Ten cuidado», de modo que tengo mucha precaución al meter el coche en el garaje. Ha habido casos en que los osos acechan junto a altos muros de adobe en busca de comida. La precaución es el santo y seña.

«Camina en la oscuridad con pensamientos llenos de color».

Prajakta Mhadnak

Esta noche, una luna de tres cuartos asciende sobre las montañas, proyectando su brillante reflejo argénteo sobre mis ventanas. En comparación con esa luz, la de Venus es como de una vela. Lily, que se ha despertado de su siesta, se dirige a mi dormitorio, donde se acomoda sobre una colcha de terciopelo. Esta noche reina la quietud. No hay visitas de coyotes. La luz de la luna baña el jardín y se respira calma. A las nueve llamaré por teléfono a mi amiga Jeannette en Nueva York. Me imagino su piso, escondido entre relucientes rascacielos. Ella se imagina mi vida aquí, en Santa Fe. Nuestra amistad salva los kilómetros de distancia cuando Jeannette me pregunta: «¿Estás lista para acostarte?». Con el pijama puesto bajo un esponjoso albornoz, respondo: «Sí», y seguidamente cierro todo, apago las luces y echo el pestillo de la trampilla de Lily. Reina la quietud cuando le deseo buenas noches a Jeannette, agradecida por la compañía que me ha proporcionado nuestra conversación telefónica, y agradecida también por mi vida solitaria en un esplendoroso entorno silvano.

«Mis pensamientos más fecundos los he tenido mientras caminaba, y jamás he encontrado un pensamiento demasiado pesado que no haya podido alejar caminando».

Søren Kierkegaard

Pedir orientación por escrito

Coge bolígrafo y papel y escribe una pregunta latente. Presta atención a la respuesta que oigas. A continuación átate los cordones de las zapatillas y sal a dar un paseo en solitario; con veinte minutos es suficiente. Reflexiona sobre la pregunta mientras caminas.

A tu regreso revisa la pregunta que habías puesto por escrito. ¿Qué ha ocurrido mientras caminabas?

La benevolencia de la voz que nos guía

Scott Thomas me llama un momento. «Me consta que tienes que escribir —dice—. Te deseo inspiración. Hablamos mañana». Con ese breve mensaje de buenos deseos, cuelga. Me siento agradecida por su llamada, a gusto con su intención. Scott me desea lo mejor y su deseo de que tenga inspiración es bien recibido. Él mismo confía en que la voz que lo guía le llegue a diario desde lo que denomina «el mundo invisible». Al igual que yo, tiene por costumbre invocar a los difuntos en busca de consejo, por lo que la llamada de esta noche me impulsa a recurrir a mis seres queridos que han fallecido.

«Escribe acerca de la benevolencia», es lo primero que oigo de mi difunta amiga Jane Cecil, que profesaba una fe inquebrantable en la bondad de Dios. Viviendo el instante presente, siempre encontró lo positivo en el transcurso del día a día. La llamabas para contarle una aparente desgracia y ella te hacía ver el lado bueno. ¿Preocupada por cuestiones económicas? «Dios pro-

«Orar es ponerse en manos de Dios, a su merced, y escuchar su voz en el fondo de nuestros corazones».

Madre Teresa de Calcuta

veerá». ¿Preocupada por la salud? «Dios es el más apreciado y maravilloso médico». Preocupada, como estoy ahora, por la creatividad, Jane me asegura que el Creador es una fuente de ideas. «Dale un toquecito, y punto». Jane creía —y aún cree desde el más allá— en la benevolencia divina. Cuando le pido consejo, me dice: «Julia, estoy a tu lado». Y, en efecto, la siento conmigo, como una reconfortante presencia que en todo momento refuerza mi creencia en la benevolencia divina. Tengo su fotografía pegada en la nevera.

«Aliviar la angustia de otro es olvidarse de la de uno mismo».

Abraham Lincoln

Acto seguido acudo a la difunta Elberta Honstein, criadora de caballos Morgan para competición, que no ha perdido su espíritu alegre y vivaz. Sus mensajes conservan la jerga del recinto hípico. «Julia, eres una campeona —manifiesta—. Te doy fortaleza y gracia». Le confieso que me pone nerviosa la idea de hablar en público y dar clase, que estoy fatigada por no haber pegado ojo esta noche a causa de mi ansiedad. Elberta me asegura: «Te irá bien». Tanto en vida como tras su muerte, es una optimista a ultranza. Derrocha optimismo. «Se te conduce por el buen camino», afirma con rotundidad. Y su confianza, al igual que la fe de Jane, es contagiosa. «Todo irá bien», afirma. Le agradezco a Elberta sus palabras de aliento.

La benevolencia y el optimismo caracterizan los mensajes que recibo. La voz que me guía destila una gran esperanza: esperanza en un futuro propicio y positivo. Cada día se me alecciona en positividad. Mis seres queridos fallecidos comparten sus testimonios. Quienes continúan conmigo, aquí, en el mundo visible, apelan a fuerzas superiores de reinos más elevados. Scott Thomas reza «a los antepasados, a los espíritus». Yo ruego a Jane y Elberta, a las «fuerzas superiores», y, cuando me imbuyo de osadía, al «poder superior». Con independencia de cómo lo denominemos, la voz que nos guía siempre está disponible. Cuando nos valemos de una sabiduría superior, se nos guía «con prudencia por el buen camino». Se nos advierte: «No pongas en duda nuestra bondad. Velamos por tu bienestar», así como: «No hay errores en tu camino. Tienes por delante muchas bondades». Por tanto, cuando invocamos a fuerzas superiores, nuestro futuro se afianza en reinos más elevados. Dios es, ciertamente, bondadoso, y tenemos motivos de peso para ser optimistas.

Ha anochecido. Una luna llena, luminosa y pálida, se eleva sobre las montañas. El teléfono suena con estridencia y, una vez más, la llamada es de Scott Thomas, tan sereno y tranquilo como siempre. Llama «solo para saber» qué tal estoy, si me ha ido bien el día, lo cual, afortunadamente, así es. He caminado sobre la cinta, he sacado a Lily a pasear, y he entrenado. Mis esfuerzos físicos me proporcionan endorfinas, el chute de energía natural que aumenta el bienestar. Me encuentro optimista y estable. Todos los sistemas de mi organismo están «activos» antes de ponerme con mi escritura vespertina.

Pero ¿sobre qué escribo? La voz que me guía me transmite una sola palabra: «honestidad». Nuestro mundo necesita honestidad, y es posible cultivarla. Ser sincero significa ser auténtico, decir la verdad sin tapujos. A muchos de nosotros nos cuesta; pasamos las palabras por el filtro de lo que consideramos aceptable. La honestidad se aleja de dicha censura y nos insta a validar pensamientos de cualquier índole. Sí, incluso aquellos desagradables que caemos en la tentación de ocultar.

«Las personas amables son las mejores personas».

Amit Kalantri

¿Cómo no caer en la tentación de moldear nuestros pensamientos? Para empezar, debemos practicar la autoaceptación, decirnos a nosotros mismos: «Toda parte de mí es bien recibida». Dicha autoaceptación requiere práctica y las páginas matutinas son el mejor medio para adquirirla.

Dicho de otro modo, las páginas matutinas son un ejercicio de autodescubrimiento. Escritas nada más despertarnos, antes de que los mecanismos de defensa tomen el control, nos aleccionan en honestidad y autorrevelación. Las páginas reflejan nuestra autenticidad y vulnerabilidad. Ponemos por escrito: «Quiero más de esto, quiero menos de eso». Nuestras opiniones y revelaciones a menudo nos sorprenden. «¡Yo no sabía que me sentía así!», exclamamos en nuestro fuero interno. Nada es censurable; todos los pensamientos poseen la misma validez, ya sean agradables o desagradables, alegres o tristes. No existe una manera «desacertada» de redactar las páginas: pueden tener un tono vivaz o afectuoso, ser interesantes o insulsas. Nos hacen vislumbrar nuestra mente con la guardia baja. En resumidas cuentas, adoptamos una actitud honesta y la honestidad se traslada de nuestra escritura a nuestro discurso. Nos damos cuenta de que nos da por decir lo que hasta entonces era indecible. La honestidad se convierte en nuestra piedra angular, y la autenticidad, en nuestra moneda corriente.

«Nunca nadie se ha vuelto pobre por dar».

Anne Frank

Experimentamos una nueva libertad, así como un nuevo respeto hacia nosotros mismos. Al expresar nuestra verdad, validamos nuestras apreciaciones y nuestra idiosincrasia. Los demás perciben nuestra integridad. Somos dignos de confianza, pues nuestra franqueza lo propicia. Poniendo por escrito nuestros pensamientos matutinos, llegamos a intimar con nosotros mismos.

Ese vínculo íntimo nos permite estrechar lazos con los demás. Cuando aceptamos nuestra condición humana, nos atrevemos a darnos a conocer a otros. Nuestra actitud honesta allana el terreno para forjar relaciones genuinas. Al igual que la luna llena en el firmamento, somos claramente visibles, proyectamos nuestra luz sobre aquellos que nos rodean, brindándoles honestidad y autenticidad. Tenemos presente la máxima «Sé fiel a ti mismo». Cuando somos sinceros con nosotros mismos, nos volvemos sinceros con los demás. La honestidad triunfa.

Al pedir ayuda para las muchas necesidades de mis seres queridos, se me asegura: «Julia, tus seres queridos están bajo mi custodia y protección». Partiendo de esa premisa, rezo: «Querido Dios, te ruego que concedas a cada cual cuanto necesite». Procuro no imponer los detalles de mi súplica. Instruida en la oración para conocer la voluntad de Dios y el poder de obrar en consecuencia, me esfuerzo en alinear mi voluntad con el poder superior, lo cual hago plasmando sobre el papel mis preocupaciones y los consejos que recibo. Se me transmite: «No pongas en duda mi bondad», y me doy cuenta de que mi fe en la benevolencia divina es algo que debo reforzar día a día perseverando en la búsqueda de más orientación.

Y, por lo tanto, ahora pregunto: «¿He de ahondar más en el tema de la orientación?».

Oigo: «Julia, predicas con el ejemplo».

¿Y cuál es ese ejemplo?

Practico el hábito de buscar orientación en todo momento, en todos los escenarios de mi vida. Nada es demasiado banal —ni demasiado trascendente— para no pedir consejo. Ahora, sin ir más lejos, la voz que me guía manifiesta que este libro ha llegado al final. «Julia —oigo—, has demostrado cómo la búsqueda de orientación da fruto en tu vida. Tus lectores pueden seguir tu ejemplo». En esencia, el pedir orientación por escrito nace del deseo de recibir ayuda divina, de una toma de contacto que va más allá de la sabiduría humana y alcanza una frecuencia más elevada. En definitiva, este libro pretende demostrar que la voz que nos guía está al alcance de todos y cada uno de nosotros, para cuestiones de toda índole, siempre.

Pedir orientación por escrito

Repasa las directrices que has recibido por escrito. ¿Destilan un tono benevolente? ¿Has llegado a entender, como es mi caso, el valor de pedir consejo en todos y cada uno de los aspectos de tu vida? Abrigo la esperanza de que hayas adoptado esta provechosa y reconfortante práctica que yo realizo en mi día a día.

Para seguir avanzando, ¿puedes comprometerte a escribir las páginas matutinas y pedir orientación por escrito a diario?

Agradecimientos

Jennifer Bassey
Tyler Beattie
Scott Bercu
Sonia Choquette
Nick Kapustinsky
Rena Keane
Chris Kukulski
John Kukulski
Joel Fotinos
Laura Leddy
Emma Lively
Jacob Nordby
Scottie Pierce
Susan Raihofer

Índice alfabético